clv

Maleachi-Kreis (Hrsg.)

Gefährliche Stille!

Wie die Mystik die Evangelikalen erobern will

clv

Christliche
Literatur-Verbreitung e.V.
Postfach 11 01 35 · 33661 Bielefeld

1. Auflage 2010
2. Auflage 2010

Postfach 11 01 35 · 33661 Bielefeld
CLV im Internet: www.clv.de

Idee, Konzept und Koordination: Verlag Ulrich Skambraks GbR, Kreuztal
Umschlaggestaltung: Eberhard Platte, Werbestudio 71a.de, Wuppertal
Satz: CLV
Druck und Bindung: CPI – Ebner & Spiegel, Ulm

ISBN 978-3-86699-226-9

Inhalt

Das mystische »Jahr der Stille« 11
Ulrich Skambraks mit Material von Alexander Seibel
Nervensäge Lärm 11
Tempomanie 13
Multitasking und Unterbrechungs-Wahnsinn 14
Entschleunigung in der Tempolandschaft 17
Hunger nach religiösen Erfahrungen und das »Jahr der Stille 2010« 19
Startschuss zum »Jahr der Stille 2010« 20
Der Leitungskreis zum »Jahr der Stille 2010« 21
Das Ideenheft zum »Jahr der Stille 2010« 23
Meditativer Tanz und Bibel 24
Was hat »Meister Jesus« mit dem »Jahr der Stille 2010« zu tun? 25
Das sonderbare Menschenbild der »Steppenblüte Communität« 26
Der biblische Weg zu Gott 27
Marianne Williamson und der göttliche Funke 28
Das Bibliodrama 32
Stille-Jahr: Mystische Wege zum göttlichen Kern 34
Der Weg zur Mitte mit heidnischen Techniken? 36
Verdächtige Parallelen mit der fernöstlichen Glaubenswelt 39
Das Herzensgebet 42
Warum Passivität und innere Leere gefährlich sind 44
Aufschlussreiche Erkenntnisse zweier Gehirnforscher 46
Die Selbstkontrolle und das Selbst 47
»Aufatmen«, eine evangelikale Brücke zur Mystik 48
Tolerieren, akzeptieren, ausprobieren – und dann? 49

Pater Anselm Grün 50
»Mystische« haben gegen die wörtlich zu verstehende Bibel eine Abneigung 52
Grün legt die Bibel nach den Erkenntnissen von C. G. Jung aus 53
Was ist eigentlich Mystik? 54
Das kosmische Energie-System 56
Die unsichtbare Dimension in der Bibel 57
Kein Kontakt mit dem Reich des »Engels des Lichts«! 59
Der lange Arm der »Renovaré«-Bewegung des Richard Foster 61
»Renovaré«-Bibel kontra Bibel 65
Mystik als Versuch der Rekatholisierung 66
Neuer evangelikaler Mystik-Star: Ignatius von Loyola 70
Das Ja-und-nein-Prinzip als Vermischungs-Elixier 71
Wie Henri Nouwen und Thomas Merton das Christentum veränderten 74
Peter Zimmerling und Reinhard Deichgräber empfehlen Mystiker 75
Östliche Meditation formt den christlichen Glauben um 78

Trügerische Stille … Anmerkungen zur Ursachenforschung 81
Wolfgang Nestvogel
Erschrecken oder Gewöhnung 82
Nicht vom Himmel gefallen 83
1. Der verlorene Kompass 84
Zeitgeist »Postmoderne« 85
Wie die Einheit des Denkens zerbrach 86
Gesichter der Verzweiflung 88

2. Der verlorene Mut 89
Sachlich oder persönlich 90
3. Die verlorene Gemeinschaft 92
Ist »bibeltreu« ein falscher Begriff? 93
Eine neue Allianz? 95

Zur Ruhe kommen – auf der Couch oder am Kreuz? 97
Roland Antholzer
Mystik in Katholizismus, Orthodoxie und Protestantismus 98
Wo beginnt die Mystik? 99
Eine gefährliche Grenzüberschreitung 100
Ein verhängnisvoller Pragmatismus 101
Innere Heilung 103
Der Einfluss von Agnes Sanford 103
Die Methode der Inneren Heilung 104
Kritische Beurteilung 105
Ruhen im Geist als Therapiemethode 107
IGNIS und innere Bilder 109
Das Katathyme Bilderleben 111
Christliches Familienstellen 112
Wie Familienstellen funktionieren soll 113
Heilsbedeutung von Familienstellen 115
Zur Ruhe kommen – warum nicht bei Jesus? 116

Stille in der Bibel 121
Eberhard Platte
Stille, was sagt die Bibel dazu? 121
Der das Ohr gebildet hat … – die Flatrate zu Gott 122
Gott gibt immer beides: Ton und Stille,
Arbeit und Ruhe, Hektik und Besonnenheit 123
Unsere Unruhe kommt durch den Sündenfall 124

Zur Stille und Ruhe finden wir nur in Gott 124
Wenn Gott für uns kämpft, dürfen wir still zusehen 126
Stille – Voraussetzung, um auf Gott zu hören 127
Gott möchte uns beruhigen 128
Stille vor Gott 129
Stille und Ruhe fördern die Besonnenheit
und die Konzentration auf das Wesentliche! 129

Stille mit der Bibel 131
Johannes Pflaum
Die notwendige Speise für unseren inneren Menschen 132
Die Kraft von Gottes Wort 133
Wann lese ich meine Bibel? 135
Wie lese ich meine Bibel? 137
Bibellesen mit dem POTZEK-Schlüssel 140
Was kann mir zum Verständnis der Bibel helfen? 143
Ein Wort für die »Vollzeitler« 144
Hilfestellung für ein fortlaufendes Schriftstudium 145

Erhörliches Gebet – Einbildung oder Wirklichkeit? 147
Martin Vedder
Das Gebet – eine Art Magie?
Bete ich, um mir Gott gefügig zu machen?
Zwinge ich Gott meinen Willen im Gebet auf?
Heißt es nicht: »Wer betet, bewegt den Arm Gottes«? 148
Einige Voraussetzungen für Gebetserhörungen 149
Zusammenfassung 163

Mein »Jahr der Stille« 165
Lothar Schäfer
Wenn man still sein muss 165
Wie eine Ärztin zur Erfüllungsgehilfin Gottes wird 167
Versvorrat für schlechte Zeiten 168
Eine Tröstende wird getröstet 169
Lothar, ich hab dich lieb! 170
Es war eben ein besonderes Jahr – mein »Jahr der Stille« 172

Anhang 1 – Was sagt die Bibel zum Anbetungstanz? 173
Ulrich Skambraks mit Material von Alexander Seibel
Der Reigentanz im Alten Testament 174
Die Verlagerung vom Sichtbaren zum Unsichtbaren 178
Der Tanz im Neuen Testament 179
Zusammenfassung 181

Anhang 2 – Das Herzensgebet 183
Ulrich Skambraks
Die Wüstenväter: Urquell des Herzensgebets 184
Merkwürdige Empfehlungen zum Herzensgebet 187
Grundeinstellungen zum Anzapfen der Energiequelle 189
Und wieder Parallelen mit fernöstlicher Religiosität 191
Das Herzensgebet als Gebets-Mantra 192
Das Höhere Selbst 196
Zusammenfassung 198

Vorstellung der Autoren 201

Der Maleachi-Kreis stellt sich vor 207

Personen-/Organisationen-Index 209

Themenindex 213

Das mystische »Jahr der Stille«

Ulrich Skambraks mit Material von Alexander Seibel

Nervensäge Lärm

Tök – tök – tök – tök – tök: Toastbrot, Schinken, Frühlingsquark, Toilettenpapier, eine Packung Glühbirnen. Tök – tök – tök – tök – tök … Vor mir tökst es, rechts neben mir tökst es und links auch. Wie Roboter bugsieren die Kassiererinnen die Karawane der Waren über die Scanner. Und jedes Mal ein Tök. Vor mir in der Schlange steht ein junger Mann. Zwei Kabel kommen aus seinen Ohren und führen zu einem kleinen Kästchen. Sein Kopf zuckt leicht und rhythmisch. Vom Scanner-Tök hört er wohl nichts. Er hört seinen eigenen Lärm – seine Musik aus seinem MP3-Player. Plötzlich direkt hinter mir: »Freude schöner Götterfunken« – die Europa-Hymne. Hektisch kramt eine junge Frau ein Handy aus der Handtasche: »Nein, Mutter, ich gehe nicht mehr zurück! Ich steh schon in der Schlange. Was macht der Dennis? Ich hab dir doch gesagt, du sollst ihm das nicht geben!« Familienlärm – und ich höre mit. Tök – tök – tök – tök – tök. Dann bin ich dran: ein Baguette, eine Tüte Milch. Plötzlich, bei der Mortadella, tökst es nicht mehr. »Haben Sie wohl aus dem neuen Kühlregal?«, fragt die Kassiererin. »Ja!«, antworte ich. »Nimmt der Scanner nicht, muss ich eintippen!« Statt 2,49 erscheinen 24,90 auf dem Display. »Mist!«, stöhnt die Kassiererin. Sie beugt sich zu einem kleinen Mikrofon hinunter und drückt eine Taste. Für einen Moment ist es fast still im Supermarkt. Keine Musik vom hauseigenen Sender, keine Durchsagen von Sonderangeboten, keine aktuellen Nachrichten. Dann laut: »Herr Sohlbach, Storno Kasse 2!« Und weiter geht's mit dem eintönigen Tök-Geräusch, mit der Musik und den Durchsagen.

Endlich bin ich draußen. Ein »Bumm! Bumm! Wumm! Wumm!« empfängt mich.

Zwei junge Burschen kurven mit ihrem alten Golf über den Parkplatz. Vorne zwei Autositze, hinten zwei riesige Lautsprecher-Boxen: »Bumm! Bumm! Wumm! Wumm!«, dröhnt es. Moderner Musiklärm aus Subwoofers – so heißen die Boxen. Endlich sitze ich in meinem Wagen und fahre los. Plötzlich: piep – piep – piep. Ich habe den Sicherheitsgurt nicht angelegt. Ein Klick, und es ist endlich Ruhe – sagen wir mal: Es ist relativ ruhig.

Nervensäge Lärm. Wir werden nicht nur bombardiert mit immer mehr Geräuschen aus immer mehr Geräuschquellen. Auch der Lärmpegel steigt. In Deutschland ist es viel zu laut. Das ergab eine Berechnung des *Umweltbundesamtes* (UBA) aus dem Jahr 2007. »Lärm ist nicht nur lästig, er kann auch krank machen«, sagte der Präsident des UBA, Andreas Troge. Etwa 13 Millionen Bundesbürger seien mit einem Geräuschpegel belastet, der Gesundheitsrisiken und Schlafstörungen verursache – so die Studie. Doch nicht nur in Deutschland leiden Millionen Menschen unter Lärm.

Laut einer Studie der *Europäischen Umweltagentur* (EEA) fühlt sich die Hälfte der Europäer durch Lärm von Straßen-, Eisenbahn- und Flugverkehr stark beeinträchtigt. Am lautesten ist es in den Städten. 41 Millionen Menschen, die in Städten mit mehr als 250 000 Einwohnern leben, sind einem Straßenverkehrslärm von mehr als 55 Dezibel ausgesetzt. Rund 3,6 Millionen Stadtbewohner in Europa müssen nach EEA-Angaben sogar Lärmbelästigungen von 70 Dezibel oder mehr ertragen. Das ist der Lärmpegel, den ein eingeschalteter Staubsauger oder ein Haartrockner verursacht. Normalerweise kann man beide Geräte nach einer gewissen Zeit abschalten. Dann ist wieder Ruhe. Doch viele Stadtbewohner müssen mit dieser Geräuschkulisse Tag und Nacht leben.

Unsere Ohren sind ein biologisches Warnsystem. Sie lassen uns Gefahren erkennen, bevor sie sichtbar werden. Doch diese natürliche Alarmanlage lässt sich nicht abschalten, auch nicht in einer modernen Zivilisation voller Störgeräusche. Und eine solche Situation verursacht Stress. Laut der ZDF-Sendung »Abenteuer

Wissen« vom 29.04.2009 sterben jährlich rund 2.700 Menschen in Deutschland an den Folgen von Krach. Von Krach, gegen den sie nicht viel unternehmen können.

Aber dann gibt es noch den selbst gemachten Krach bzw. den Krach, dem man sich freiwillig aussetzt. Millionen junger Leute überall auf der Welt besuchen Woche für Woche Diskotheken oder Rockkonzerte. Die Lautstärke in Diskotheken erreicht einen Spitzenwert von 130 Dezibel, vergleichbar mit dem Start eines Düsenjets oder einem Presslufthammer im Einsatz. Ähnliche Werte werden bei einem Rockkonzert erzielt.

Nicht ganz so laut sind die bei Jugendlichen beliebten MP3-Player, die ihre Geräusche über Ohrhörer absetzen. Laut einer EU-Norm ist die Lautstärke solcher Geräte auf 100 Dezibel beschränkt. Zum Vergleich: 100 Dezibel erreicht auch eine eingeschaltete Kreissäge. »Die MP3-Player sind viel zu laut«, schimpfen die Hals-, Nasen- und Ohrenärzte. Laut ihren Untersuchungen hat bereits jeder vierte Jugendliche in Deutschland einen nicht heilbaren Hörschaden. Die HNO-Ärzte vermuten, dass gerade die lauten MP3-Player einen hohen Anteil an der Schädigung der jungen Innenohren haben. Viel zu viele junge Leute dröhnen sich mittels der MP3-Player mit Musik-Lärm zu – und laufen Gefahr, darüber dauerhaft schwerhörig zu werden.

»Lärm ist ein Stressfaktor für Erwachsene wie auch für Kinder. Denn hohe Schallpegel führen zu Gehörschäden, die sich über das gesamte Leben hinweg summieren. Deshalb müssen wir besonders Kinder und Jugendliche vor Lärm schützen«, warnt der Vizepräsident des Umweltbundesamtes, Thomas Holzmann.

Tempomanie

Wir haben einfach zu viel um die Ohren – im wahrsten Sinne des Wortes, aber auch im übertragenen Sinn.

Seit 500 Jahren beschleunigt sich das Leben im sogenannten christlichen Abendland: immer schnellere Fortbewegungsmittel, immer kürzere Entwicklungszeiten für neue Produkte und ein explodierendes Wissen, das immer schneller veraltet. Das Beschleunigungsprinzip wurde zum zentralen Motor des Fortschritts. Der Tempovirus ist in fast alle Bereiche des Lebens vorgedrungen. Die Folge: Reizüberflutung und eine Art »›Stress-Alzheimer‹: unkonzentrierte, überforderte Menschen«, wie die Fachzeitschrift *Psychologie Heute* diagnostizierte.

Bundesweite Umfragen zeigen, dass 80 Prozent der Deutschen unter Zeitknappheit leiden und den Eindruck haben, dass sich ihr Leben in den letzten Jahren spürbar beschleunigt hat.[1] Die Menschen in der westlichen Welt hatten noch nie zuvor so viel Freizeit wie heute, dennoch wächst das unangenehme Gefühl, immer weniger Zeit zu haben. Dieser Eindruck wird ganz wesentlich durch neue Kommunikations-Formen befeuert: Handy, SMS, Mailbox, Anrufbeantworter, Anklopfmodus, E-Mail, Fax … Man erwartet vom modernen Menschen, dass er zu jeder Zeit erreichbar ist und sofort zu reagieren hat.

Multitasking und Unterbrechungs-Wahnsinn

Das Telefon klingelt. Man nimmt das Gespräch entgegen. Kaum hat man ein paar Worte gesprochen, zeigt das Display des Telefons an, dass noch ein zweites Gespräch in der Leitung ist. Man gerät unwillkürlich unter Druck. Könnte es etwas Wichtiges sein? Schafft man es nicht, das aktuelle Gespräch rechtzeitig zu beenden, dann kann man ja zurückrufen – so denkt man. Doch nur dann, wenn der zweite Anrufer seine Rufnummer anzeigen lässt. Also: Man spricht mit seinem ersten Gesprächspartner, gleichzeitig denkt man über den möglichen Inhalt des zweiten Gesprächs nach und schielt nach der Nummer auf dem Display – das ist Multitasking,

1 Hartmut Rosa (Hrsg.): Fast forward. Essays zu Zeit und Beschleunigung. Standpunkte junger Forschung. Körber-Stiftung, Hamburg 2004.

die gleichzeitige Konzentration auf mehrere Aufgaben und deren gleichzeitiges Abarbeiten. Und das bedeutet Stress.

Man kann sich das etwa so vorstellen: Man versucht, mit jeder Hand und jedem Fuß gleichzeitig unterschiedliche Worte aufzuschreiben. Dem schwedischen Künstler Lars Siltberg gelang das auf einer Berliner Kunstausstellung zum Thema »Multitasking« nicht. Er krakelte unleserliche Buchstaben auf eine Schiefertafel.[2]

Arbeitspsychologische Studien in den USA haben dokumentiert, dass Multitasking-Arbeit, wie Computerprogramme sie oft abfordern, dazu führt, dass von einer Arbeitsstunde ganze 22 Minuten konzentrierten Schaffens übrig bleiben. Ratgebermagazine und Krankenkassen halten wenig von Multitasking und warnen sogar vor schädlichen Konsequenzen in Bezug auf die Gesundheit. Die Gleichzeitigkeit des Konzentrierens auf mehreren Ebenen und die Gleichzeitigkeit des Handels überfordere das menschliche Gehirn.

Zu diesem alltäglichen Stress kommt im Berufsalltag noch ein weiterer Stress hinzu. Viele moderne Büros sind heute Großraumbüros. Das bedeutet in der Regel eine entsprechend laute und vielschichtige Geräuschkulisse: Telefone klingeln, Gesprächsfetzen wabern durch den Raum, Computer melden sich mit Hinweistönen.

Hatte man früher nur einen Computer-Bildschirm auf dem Schreibtisch, so sind es heute immer häufiger zwei oder gar drei. Und auf jedem sind mehrere Windows-Fenster geöffnet, gestartete Computerprogramme, auf die man schnell zurückgreifen kann. Zumindest ein Programm ist immer auf »Hab acht!«: das E-Mail-Programm.

Über 60 Milliarden E-Mails werden täglich durch das weltweite Datennetz gejagt. Das bedeutet: Statistisch gesehen, bekommt

2 http://www.heise.de/tp/r4/artikel/26/26244/1.html.

jeder Erdenbürger – ob nun der Rentner in einem Pflegeheim oder das Baby im Urwald – im Durchschnitt zehn neue Nachrichten pro Tag.

»Wenn's denn mal nur zehn wären«, wird jetzt jeder vor sich hin murmeln, der in einem Büro arbeitet. Für einen Büroarbeiter sind weit mehr als zehn elektronische Nachrichten pro Tag die Regel. Wenn man ein paar Tage in Urlaub gewesen ist, können es am ersten Arbeitstag auch schnell einige Hundert sein, die auf einen warten.

Und jedes Mal, wenn der Eingang einer neuen Nachricht am Bildschirm angezeigt wird, entsteht dieser Druck: sofort lesen und umgehend reagieren! Das wird von jedem E-Mail-Empfänger – zumindest im Berufsalltag – erwartet. Reagiert man bei Wichtigem nicht sofort, dann kommt meistens noch ein Anruf hinzu: »Haben Sie meine E-Mail noch nicht gelesen?«

Viele Büroangestellte fühlen sich mittlerweile von Telefon und E-Mail geradezu gejagt: immer drangehen, immer sofort lesen, möglichst rasch reagieren. Das erzeugt permanenten Stress, weil man stets in seiner Arbeit und der dazu gehörenden Konzentration gestört – das heißt: unterbrochen – wird.

Mittlerweile gibt es in den USA die Disziplin der »Unterbrechungswissenschaftler«. Es sind Wissenschaftler, die untersuchen, welche Auswirkungen das ständige Unterbrechen mittels Telefon oder E-Mail hat. Untersuchungen in den USA[3] haben gezeigt, dass Büroarbeiter sich gerade einmal elf Minuten auf eine Aufgabe konzentrieren können, bis der nächste Anruf oder die nächste E-Mail sie jäh aus dem Gedankenfluss herausreißt. Um wieder auf den Stand vor der Unterbrechung zu kommen, benötigen Sachbearbeiter etliche Minuten neuer Konzentration. Insgesamt gehen so etwa zwei Stunden pro Tag an effektiver Arbeitszeit verloren.

3 Die Welt, 12.12.2006.

Wir leben nicht nur in einer lauten Welt, sondern auch in einer schnellen und hektischen Welt, die den Menschen zum Getriebenen macht. Von daher ist nachzuvollziehen, dass bei vielen Menschen die Sehnsucht nach Stille und Ruhe sowie nach einem langsameren Leben deutlich wächst.

Entschleunigung in der Tempolandschaft

Von dem brasilianischen Schriftsteller Paulo Coelho, der sich in seinen Büchern auch mit dem Thema »Mystik« auseinandersetzt, stammt folgende kleine Geschichte:

»Ein weißer Amerikaner konnte es nicht erwarten, endlich ins Landesinnere vorzustoßen. Um früher an sein Ziel zu gelangen, zahlte er seinen Trägern ein zusätzliches Gehalt, damit sie schneller gingen, und über mehrere Tage lang legten die Träger ein schnelleres Tempo vor.

Eines Abends jedoch setzten sie sich alle auf den Boden, legten ihr Bündel ab und weigerten sich weiterzugehen. So viel Geld er ihnen auch anbot, die Träger rührten sich nicht von der Stelle.

Als der Forscher sie schließlich nach dem Grund ihres Verhaltens fragte, erhielt er folgende Antwort: ›Wir sind so schnell gegangen, dass wir nicht mehr recht wissen, was wir tun. Darum warten wir, bis unsere Seele uns eingeholt hat.‹«[4]

Diese Geschichte spricht auch vielen Heutigen aus der Seele. In der Tempogesellschaft kommt die Seele nicht mehr mit. Man gerät in der getakteten Gesellschaft aus dem Takt. Die Folge: Die Körper der Menschen funktionieren noch, aber das Innere, die Psyche ist leer und kaputt.

Ärzte und Psychotherapeuten registrieren eine Zunahme psychischer Krankheiten, die damit zu tun hat, dass viele Menschen die Hektik und die Betriebsamkeit nicht mehr bewältigen. Nach einer Analyse der *Allgemeinen Ortskrankenkasse* (AOK) schlagen psy-

4 Publik-Forum 24/2004.

chische Erkrankungen bei der Krankschreibung immer stärker zu Buche. 2008 fehlten von 9,7 Millionen AOK-Versicherten rund acht Prozent (= rund 780 000) wegen psychischer Probleme. Seit 1995 seien die Fehlzeiten in diesem Bereich damit um 80 Prozent angestiegen, teilte das *Wissenschaftliche Institut der AOK* mit.

Eine dieser psychischen Krankheiten ist der »Burnout« (deutsch: »ausbrennen«). Sie ist erst seit 1974 als medizinischer Fachbegriff bekannt. Das Burnout-Syndrom ist ein Zustand ausgesprochener emotionaler Erschöpfung mit reduzierter Leistungsfähigkeit und geht oft einher mit Angstzuständen, chronischer Müdigkeit und Depressionen.

Die Anforderung des Alltags und der stetige Kampf gegen die Uhr machen Menschen einfach fertig. Deshalb raten immer mehr Psychotherapeuten dazu, das Leben zu entschleunigen, d. h. zu verlangsamen. In Österreich gibt es sogar schon einen Verein, der sich ganz speziell dieses Themas animmt. Er heißt »Verein zur Verzögerung der Zeit« und hat in Europa und den USA bereits über 1000 Mitglieder. Aufgabe des Vereins ist es, seinen Mitgliedern Vorschläge zu machen, einen bewussten Umgang mit der Zeit zu lernen und die Entschleunigung der Eigenzeit einzuüben.

Der Münchner Zeitforscher Professor Karlheinz Geißler gibt in Bezug auf die Entschleunigung der Zeit folgenden Rat: »Das Wichtigste ist die Einsicht in die Realität, dass nicht ich über die Zeit bestimme, sondern die Zeit über mich. Ich kann die Zeit einladen und mich der Zeit aussetzen, über die ich nicht bestimmen kann. Wenn ich das weiß und verstanden habe, kann ich völlig anders mit der Zeit umgehen, viel entspannter, ›relaxter‹ sagt man heute. Ich kann versöhnt mit der Zeit leben und muss nicht permanent gegen die Zeit ankämpfen. Das Problem des Menschen ist, dass er meint, er müsste permanent gegen die Zeit ankämpfen. Dabei kann er nur verlieren.«[5]

---

5 Publik-Forum 24/2004.

Hunger nach religiösen Erfahrungen und das »Jahr der Stille 2010«

Eine ganz wesentliche Ursache unserer »schnellen Zeit« beschreibt Wolfgang Kessler, Chefredakteur der Zeitschrift *Publik-Forum,* die sich selbst als »Zeitung kritischer Christen« bezeichnet, so: »Doch die Menschen sind längst selbst zu Triebkräften dessen geworden, worunter sie vielfach leiden. In den vergangenen Jahrzehnten haben sie sich von vielen sozialen und religiösen Bindungen befreit – die einst göttliche Ordnung ist individualistischen Lebensstrategien gewichen. Für diesen Lebensstil ist der Tod, die Endlichkeit, eine Bedrohung, die verdrängt werden muss, aber nicht ganz verdrängt werden kann. Dieses Dilemma verführt dazu, das Leben als letzte Gelegenheit zu sehen. Man versucht möglichst alles Erdenkliche zu Lebzeiten zu verwirklichen.«[6]

Kessler sieht unter den Zeitgenossen eine schnell wachsende Schar von Menschen, die es wieder langsamer angehen lassen wollen und bei denen eine Sehnsucht aufkommt. Eine »wachsende Sehnsucht nach Spiritualität, nach religiösen Kraftquellen – innerhalb der Kirchen oder außerhalb«[7].

Diese Einschätzung von Kessler aus dem Jahr 2004 bestätigt eine Studie der gemeinnützigen Stiftung *Identity Foundation* aus dem Jahr 2006. Die Stiftung, die es sich zur Aufgabe gemacht hat, die Identität wissenschaftlich zu erforschen, ließ in Zusammenarbeit mit der *Universität Hohenheim* 1000 Interviews durchführen.[8] 1000 Deutsche aller Altersklassen wurden nach ihrer Spiritualität gefragt. Somit gilt die Studie als repräsentativ – also für alle Deutschen gültig.

---

6 Publik-Forum 24/2004.
7 Publik-Forum 24/2004.
8 www.identity-foundation.de.

Das Ergebnis der Umfrage mag überraschen: Jeder dritte Deutsche interessiert sich für spirituelle Praktiken und nimmt sich mindestens ein Mal die Woche Zeit für diese Form der Besinnung. Dabei reicht die Palette des Spirituellen von der Anthroposophie, der Mystik, der Esoterik bis hin zu religiösen Elementen aus anderen Religionen wie etwa dem Buddhismus. Nur zehn Prozent der deutschen Bevölkerung suchen den Sinn des Lebens im christlichen Glauben. Diese »Traditions-Christen«, so die Studie, glauben »an einen persönlichen Gott, zu dem ich z. B. über das Gebet in Kontakt treten kann«.

Das Ergebnis der Studie könnte man in einem Satz zusammenfassen: Viele Deutsche sind hungrig nach spirituellen, religiösen Erfahrungen. Und das scheint selbst unter den »Traditions-Christen« so zu sein. Ein eindrucksvolles Beispiel dafür ist das »Jahr der Stille 2010«.

Startschuss zum »Jahr der Stille 2010«

In einem gemeinsamen Schreiben der *Stiftung Christliche Medien* (SCM/Holzgerlingen) und des *Bibellesebundes* (Marienheide) vom März 2008 heißt es: »Zeit für mich – Zeit für Gott / Jahr der Stille 2010: Projektidee …

Sehr geehrte Damen und Herren, ein ›Jahr der Stille‹? Ist das eine Sehnsucht, eine Seelensuche, die in unserer Gesellschaft und auch in unseren Gemeinden neu aufgebrochen ist? Was könnte ein solches Projekt bewirken, was unterscheidet es von einem Jahr der Bibel? Fragen – auf die wir erst Antworten suchen wollen.

Die Idee einer jungen Frau aus Stuttgart hat uns, die Stiftung Christliche Medien und den Bibellesebund, angesteckt. Andere, mit denen wir gesprochen haben, reagierten positiv. Bei einem ersten unverbindlichen Treffen hat die Idee und das Anliegen Unterstützer und Interessenten gefunden. Bei der Lausanner Bewegung und der Deutschen Evangelischen Allianz wurde die Idee vorgestellt und fand große Zustimmung. Die beiligende Projektskizze soll Sie mit der Idee vertraut machen. Nun laden wir gerne alle in einer größeren Runde herzlich ein …«[9]

Mit diesem Brief eingeladen wurden »Kirchen und Gemeinschaften, Gebetsbewegungen, Einrichtungen und Tagungszentren, Kommunitäten, Verbände und Werke«.

Die junge Frau aus Stuttgart, die in dem Brief erwähnt wird, ist eine Buchhändlerin, die in Diensten der SCM stand. In einer Phase, als ihr persönlich bewusst wurde, dass sie mehr Zeit *für* Gott als *mit* ihm verbrachte, und feststellte, dass es auch Mitchristen so geht, kam sie auf den Gedanken, die klassische »Stille Zeit« mit Gott neu zu beleben. Sie setzte sich hin, schrieb ein paar Ideen nieder und reichte das Papier an die Führungs-Etage der SCM weiter. Dort wurde die Idee aufgegriffen. Daraufhin bildete sich ein Initiativkreis für diese Idee. Er bestand aus Frieder Trommer, Geschäftsführer der Verlage und Firmen der SCM (*Bundes-Verlag, ERF Verlag, Hänssler Verlag, R. Brockhaus Verlag, SCM Collection Verlag, ICMedienhaus*), dem Chef des Bundes-Verlags und der Zeitschrift *Aufatmen*, Ulrich Eggers, und dem Generalsekretär des Bibellesebundes, Dr. Christian Brenner.

Der Leitungskreis zum »Jahr der Stille 2010«

Sehr schnell wurde aus dem Initiativkreis ein Leitungskreis, zu dem heute u. a. gehören: der Vorsitzende Pfarrer Wolfgang Breithaupt (Haus der Stille, Weitenhagen), Dr. Christian Brenner (Bibellesebund), Ulrich Eggers (Bundes-Verlag), Stefan Förster (Selbständige Evangelisch-Lutherische Kirche SELK), Ulrich Materne (Deutsche Ev. Allianz), Lorenz Reithmeier (Geistliche Gemeinde-Erneuerung und Jesus-Bruderschaft Gnadenthal), Stefan Schmid (Deutscher Jugendverband EC), Willi Stiel (Ev. Kirche von Kurhessen-Waldeck), Frieder Trommer (SCM), Fernanda von

9 www.steppenbluete-grimmialp.ch.

Houdt (Heilsarmee in Deutschland), Ruprecht Veigel (Deutsche Bibelgesellschaft), Hanspeter Wolfsberger (Haus der Besinnung, Betberg) und Jürg Hochuli (Bibellesebund Schweiz).

Die nach der Idee der SCM-Buchhändlerin entworfene Projektskizze[10] für das »Stille-Jahr 2010« vom November 2007 benennt Grundelemente, die schon seit der ersten Gemeinde Gläubigen geholfen haben, die persönliche Beziehung zu Gott zu stärken. So heißt es in dem Papier u. a.: »Unter dem Motto ›Zeit für mich – Zeit für Gott‹ soll eingeladen werden

- Gott zu suchen in der Stille: ›Naht euch zu Gott, so naht sich Gott zu euch‹, Jakobus 4,8
- zur intensiven Begegnung mit Gott im Gebet
- zum konzentrierten Hören auf Gottes Reden
- zu neuen Entdeckungen in Gottes Wort durch ein Bibellesen mit Ruhe und Konzentration
- zum Wiederentdecken von Stille-Zeiten, Retraiten [Zeiten des Rückzugs in die Stille und Meditation; Anmerkung des Autors] und Fastenangeboten.«

Unmissverständlich wird in der Projektskizze deutlich gemacht, dass das »Jahr der Stille 2010« eine »klare Zielrichtung der Fokussierung und Konzentration auf die Stärkung der persönlichen Gottesbeziehung« haben soll.

Was dann allerdings drei Jahre später unter dem Label »Jahr der Stille 2010« herausgekommen ist, zeigt sich in vielem völlig anders akzentuiert, als es die Idee der Buchhändlerin und die Projektskizze vorgegeben hatten.

Es hat mehr zu tun mit zwei Punkten, die im Projektpapier so formuliert sind:

»– zum Ruhen in Gott – einem gelassenen Freuen und Bewusstwerden seiner Gegenwart.

---

10 www.steppenbluete-grimmialp.ch.

- zum Austausch unterschiedlicher Erfahrungen mit der Stille und zum Dialog mit den bewährten geistlichen Disziplinen der Kirchengeschichte.«

Das Ideenheft zum »Jahr der Stille 2010«

Das »Ideenheft« zum Stille-Jahr, das »Anregungen für Mitmacher und Multiplikatoren« liefern will, bietet 68 recht unterschiedliche Beiträge an. Lediglich vier davon beschäftigen sich näher mit der Bibel. Und letztlich ist es nur ein einziger Beitrag, der gezielt dazu rät, die Bibel zu lesen.

Burkhard Meißner, Mitarbeiter beim Bibellesebund, empfiehlt darin, Gott zu bitten, »dass er durch die Bibel zu Ihnen redet – und seinen Heiligen Geist zu bitten, angemessen darauf zu reagieren«. Nach dem Bibelstudium soll sich der Bibelleser fragen: »Was hat Gott Ihnen in seinem Wort heute gezeigt? Ihre Antwort darauf kann Anbetung sein, Umkehr, Veränderung in Ihrem Leben oder Gebet für Sie und andere.«[11]

Die meisten der 68 Beiträge beschäftigen sich mit Möglichkeiten und methodischen Tricks, zur Ruhe zu kommen und stille Zeiten zu organisieren. Dazu liefern Anke und Manfred Pagel in ihrem Beitrag hilfreiche Anregungen, wie beispielsweise, sich regelmäßig einen stillen Nachmittag zu gönnen. Pagels leben u. a. mit Christel und Ulrich Eggers in der Lebens- und Arbeitsgemeinschaft »WegGemeinschaft« in Cuxhaven zusammen. Manfred Pagel leitet das Tagungs- und Urlaubszentrum Dünenhof in Cuxhaven.

Interessant ist auch ein kurzer Beitrag von Dr. Christian Brenner, Generalsekretär des Bibellesebundes. Er beschreibt »Eine Gebetspause für Familien«[12]. Bei Brenners wird vor dem Essen

11 Ideenheft zum »Jahr der Stille 2010«, S. 26.
12 Ideenheft zum »Jahr der Stille 2010«, S. 30.

30 Sekunden geschwiegen – und das bei vier Kindern von ein bis sieben Jahren. Erst dann kommt ein gesungenes oder gesprochenes Tischgebet. Brenners Erfahrung: »Das Gebet, das in die Stille hinein gesprochen wird, klingt anders, wird von uns allen anders gemeint und auch von den Kindern anders erlebt.«

21 Beiträge im Ideenheft – also gut ein Drittel – weisen jedoch mehr oder weniger Wege zur Stille auf, die so gar nichts mit Bibellesen oder klassischem Gebet zu tun haben. Es sind Anregungen, um eine erfahrungs- und körperbezogene Spiritualität kennenzulernen.

Meditativer Tanz und Bibel

Schwester Marianne Bernhard, Exerzitienleiterin der ev. Kommunität *Sarons-Bund* in Uznach (Schweiz), schreibt in ihrem Beitrag mit der Überschrift »Meditativer Tanz«: »Ganzheitliches Beten, meditativer oder sakraler Tanz, Meditation und Körperarbeit – diese und ähnliche Angaben finden wir in Kursprospekten und als Buchtitel zum Thema Spiritualität. Was steckt dahinter? Was meint die Bibel dazu? Welche Möglichkeiten bietet das getanzte Gebet für das persönliche Beten und für die Gemeinde? Die Grundlage von solchen Einkehrtagen oder Mehrtageskursen bildet immer der biblische Text, der Impulse gibt zum stillen wie zum getanzten Gebet. Das getanzte Gebet hat biblische Wurzeln …«

Warum der Tanz zu einem Gebet werden kann, begründet die Kommunitäts-Schwester so: »Äußere Impulse von Musik und Rhythmus sollen die Hinwendung zu Gott bewirken oder unterstützen. Der Körper drückt dann in seiner Sprache aus, was der Mensch Gott mitteilen möchte: Das ist getanztes Gebet. Ein Tanz kann ganz schlicht sein, allein oder gemeinsam getanzt werden. Ausschlaggebend ist, dass der Mensch mit Geist, Leib und Seele sich auf Gott hin öffnet.«[13]

---

13 Ideenheft zum »Jahr der Stille 2010«, S. 35.

Ist ein solcher meditativer Tanz, ein solches ganzheitliches Beten mit Geist, Leib und Seele tatsächlich biblisch zu begründen?

(Eine ausführliche Darstellung des Themas »Was sagt die Bibel zum Anbetungstanz?« finden Sie im Anhang.)

Was hat »Meister Jesus« mit dem »Jahr der Stille 2010« zu tun?

Beginnend etwa mit den alternativen Bewegungen in den 1980er-Jahren, verbreitete sich im Westen ein neues Bewusstsein: Weg vom Kopf – hin zum Bauch. Unter dem Oberbegriff »New Age« (Neues Zeitalter) wurde nicht nur Esoterisches, Spirituelles neu aktiviert, sondern es entwickelte sich auch neue Konzentration auf den Körper – auf den Bauch. Körpertechniken wie etwa Rolfing, Bioenergetik oder Feldenkrais wurden populär. Das Ganze firmierte unter dem Thema »ganzheitliches oder holistisches Menschenverständnis«.

Dabei geht es jedoch nicht allein darum, eine gesunde Balance zwischen Kopfarbeit und Körperarbeit zu erzielen. Auch nicht darum, durch ein gezieltes Training des Körpers eine bessere Fitness und ein gesteigertes Wohlbefinden zu erreichen. Mit sogenannten Körpertechniken soll auch Einfluss auf Seele und Geist genommen werden. Ein Beispiel dafür ist die Feldenkrais-Methode.

Dieses bewegungspädagogische Konzept geht auf den Juden Moshé Feldenkrais zurück, der 1904 in Russland geboren wurde. Bei der Feldenkrais-Arbeit gibt es nicht viel zu tun. Anhand von minimalen Bewegungen lernt man, seine Körperfunktionen besser wahrzunehmen und dadurch seinem Körper ein erweitertes Bewusstsein zu geben. Dieses erweiterte Körperbewusstsein habe dann zur Folge, dass auch Beschränkungen bei Geist und Seele abgebaut werden, um »Körper, Geist und Seele die Möglichkeit der freien Entscheidung zurückzugeben«. So jedenfalls fasst die

Stiftung Warentest in ihrem Buch »Die andere Medizin – Nutzen und Risiken sanfter Heilmethoden« die Idee hinter der Feldenkrais-Methode zusammen. Doch zu welcher Freiheit sollen Körper, Geist und Seele befreit werden?

Das sonderbare Menschenbild der »Steppenblüte Communität«

Im Ideenheft zum »Jahr der Stille 2010« ist die Schweizer *Steppenblüte Communität Grimmialp* gleich mit vier Beiträgen vertreten. Immer wieder werden darin Körperwahrnehmungsübungen, Körperübungen und Gebetstänze empfohlen.

Schwester Emmy Schwab aus der Communität war von Anfang an in die Vorbereitungen zum »Jahr der Stille 2010« als Schweizer Vertreterin eingebunden.

Das Menschenbild, das der Arbeit der *Steppenblüte Communität Grimmialp* zugrunde liegt, wird in einem Prospekt für einen Kurs zur »Kontemplation und Beratung« so dargestellt:

»Unsere tiefste Angst ist nicht, unzulänglich zu sein. Unsere tiefste Angst ist, dass wir über unermessliche Kräfte verfügen. Unser Licht, nicht unsere Dunkelheit ängstigt uns. Wir fragen uns: Wer bin ich schon, dass ich brillant, herausragend, talentiert, sagenhaft sein soll? Tatsächlich lautet die Frage: Wer bist du, dass du es nicht sein solltest?
Es liegt nichts Erleuchtendes darin, sich kleiner zu machen, damit andere Menschen sich in deiner Nähe nicht unsicher fühlen. Wir sind geboren, um die Herrlichkeit Gottes zu offenbaren, die in uns ist.
Sie ist nicht nur in einigen von uns, sie ist in uns allen!
Und indem wir unser eigenes Licht scheinen lassen, geben wir unbewusst anderen Menschen die Erlaubnis, das Gleiche zu tun, indem wir uns von unserer eigenen Angst befreit haben, befreit unsere Gegenwart automatisch andere!«

Mit einem biblischen Menschenbild hat dieses Menschenbild nichts zu tun. Von daher stellt sich die Frage, was eine Kommunität mit einem solchen Menschenbild in einem hauptsächlich von Evangelikalen ausgerufenen Projekt für ein Stille-Jahr zu suchen hat, in dem es ja darum gehen soll, den Gott der Bibel in der Stille zu finden.

Der biblische Weg zu Gott

Nach der Bibel ist der sündige Mensch von Gott getrennt und in ihm ist, trotz seiner noch vorhandenen Gottesebenbildlichkeit, nichts Gutes – schon gar nicht die Herrlichkeit Gottes.

Römer 3,10-12: »Es ist keiner gerecht, auch nicht einer; es ist keiner, der verständig ist, der nach Gott fragt. Sie sind alle abgewichen, sie taugen alle zusammen nichts; da ist keiner, der Gutes tut, da ist auch nicht einer.«

Römer 3,23: »Denn alle haben gesündigt und verfehlen die Herrlichkeit Gottes.«

Weil das so ist, kam Jesus auf die Welt, starb am Kreuz von Golgatha für die Sünden aller Menschen und vollendete durch Auferstehung und Himmelfahrt seinen göttlichen Auftrag zur Rettung der Menschen.

Johannes 3,16: »Denn so sehr hat Gott die Welt geliebt, dass er seinen eingeborenen Sohn gab, damit jeder, der an ihn glaubt, nicht verlorengeht, sondern ewiges Leben hat.«

1. Petrus 3,18: »Denn auch Christus hat ein für alle Mal für Sünden gelitten, der Gerechte für die Ungerechten, damit er uns zu Gott führe.«

Jesus Christus ist der einzige Weg zu Gott!

Apostelgeschichte 4,12: »Und es ist in keinem anderen das Heil; denn es ist kein anderer Name unter dem Himmel gegeben, in dem wir gerettet werden sollen.«

Was muss ein Mensch tun, um dieses ewigen Heils teilhaftig zu werden?

Apostelgeschichte 3,19-20: »So tut nun Buße und bekehrt euch, dass eure Sünden ausgetilgt werden, damit Zeiten der Erquickung vom Angesicht des Herrn kommen.«

Gottes Herrlichkeit ist nicht grundsätzlich in allen Menschen verankert, so wie es die Darstellung des Menschenbildes der Schweizer *Steppenblüte Communität Grimmialp* glauben machen will. Auch kann der Mensch von sich aus nicht leuchten, um andere zu erleuchten.

Epheser 2,8-9: »Denn aus Gnade seid ihr errettet durch den Glauben, und das nicht aus euch – Gottes Gabe ist es; nicht aus Werken, damit niemand sich rühme.«

Die Mitglieder der *Steppenblüte Communität* verheimlichen nicht, woher sie die Formulierungen für ihr Menschenbild haben, das Grundlage ihrer spirituellen Arbeit ist. Sie stammen aus Marianne Williamsons Buch »Rückkehr zur Liebe«, das 1993 zum ersten Mal erschien.

Marianne Williamson und der göttliche Funke

Marianne Williamson war eine der bekanntesten »Predigerinnen« in den USA in den 1980er- und 1990er-Jahren. Mit ihren Büchern und Vorträgen begeisterte sie Millionen von Interessierten, nicht nur in der Esoterikszene. Was sie lehrte, war faszinierend, doch die Gedanken und Inhalte stammten nicht von ihr.

Die Tocher jüdischer Eltern stieß nach einer Irrfahrt durch Drogenkonsum, fernöstliche Religiosität und Esoterik 1977 auf ein

Buch mit dem Titel »Ein Kurs in Wundern« (»A Course in Miracles«) und verarbeitete wesentliche Erkenntnisse daraus. Das Werk stammt von der Psychologin Dr. Helen Schucman. Die Psychologin und Atheistin bekam den Inhalt des Buches auf mediale Weise Anfang der 1970er-Jahre mitgeteilt.

Der evangelikale Apologet (jemand, der den christlichen Glauben gegen weltanschauliche Angriffe verteidigt) und US-Bestseller-Autor Dave Hunt schreibt in seinem Buch »Die okkulte Invasion – die unterschwellige Verführung von Welt und Christenheit«: »Die Stimme, die den ›Kurs in Wundern‹ diktierte, behauptete, Jesus Christus selbst zu sein, der beabsichtigte, Fehler in der Bibel zu korrigieren, an denen Ungläubige aufgrund der ›Intoleranz‹ der betreffenden Passagen Anstoß nähmen. Der *Kurs* erklärt, dass ›Vergebung‹ lediglich die Erkenntnis ist, dass Sünde gar nicht existiert und es deshalb nichts gibt, was zu vergeben wäre. Der *Kurs* ist unter solchen Leuten beliebt, die sich selbst als Christen bezeichnen, aber gleichzeitig klare biblische Lehren über Bord werfen.«[14]

»Ein Kurs in Wundern« (in Deutschland lange auf Platz 1 der Bestsellerliste für esoterische Bücher) ist eine Art Verschmelzung der Bereiche Esoterik, Religion und Psychologie zu einer Gesamtschau. Diese Zusammenführung soll einen Generalschlüssel hergeben, der die Lösung aller Menschheitsprobleme möglich macht. Besonderes Kennzeichen des Buches ist die Verarbeitung christlicher Schlüsselbegriffe wie Gott, Liebe, Erlösung, Heiliger Geist, Weihnachten und Ostern.

Auch Marianne Williamsons Buch »Rückkehr zur Liebe« hat auf den ersten Blick diesen frommen, christlichen Anstrich. Fast auf jeder Seite schwärmt die Autorin von der großen Liebe Gottes. Was sie damit meint, liest sich so: »Aber Gott ist Liebe und wohnt in uns. Wir wurden in Seinem Bild oder in Seinem Geiste erschaffen, was bedeutet, dass wir eine Erweiterung Seiner Liebe oder Kin-

14 Dave Hunt, Die okkulte Invasion, Bielefeld 1998, S. 161.

der Gottes sind. … Er ist Energie, der Gedanke bedingungsloser Liebe. Er denkt nicht in Kategorien von Zorn und Verurteilung. Er ist Gnade und Mitgefühl und absolutes Akzeptieren. Das haben wir vergessen, und so haben wir auch vergessen, wer wir eigentlich sind.«

Sünde definiert Williamson so: »Die Angst ist die Wurzel allen Übels. Sie ist das Grundproblem dieser Welt.«

Jesus Christus ist für die Beraterin des damaligen US-Präsidenten Bill Clinton ein »psychologischer Begriff«: »Keine Religion hat ein Monopol auf die Wahrheit. Christus bezieht sich auf die Grundschwingungen der göttlichen Liebe, die der Kern und die Essenz jedes menschlichen Geistes ist. … Die Vorstellung von einem göttlichen Bewusstsein oder Christusbewusstsein impliziert [= schließt ein; Anmerkung des Autors], dass wir im Kern nicht nur identisch, sondern tatsächlich dasselbe Wesen sind. Wenn vom *einzigen eingeborenen Sohn Gottes* gesprochen wird, so bedeutet das nicht, dass jemand anders dieser Sohn war und nicht wir. Es bedeutet, dass wir alle es sind. Es gibt nur uns als Einheit.«

Um den göttlichen Funken im Menschen zu entfachen, empfiehlt die Amerikanerin, den Heiligen Geist in Anspruch zu nehmen: »Ihre Aufgabe besteht darin, dass Sie dem Heiligen Geist erlauben, das angstvolle Denken [= Sünde] zu entfernen, das ihr vollkommenes Selbst umgibt.« Wenn dies geschieht, wird nach Meinung von Frau Williamson die Folge davon sein:

»Mit der Geburt Christi, nicht nur einmal im Jahr, sondern in jedem Moment, gestatten wir uns, den Mantel göttlicher Sohnschaft anzulegen, mehr zu sein, als wir noch im Moment davor waren. Wir erweitern unser Gewahrsein und unsere Identität. Der Menschensohn erkennt sich selbst und wird so zum Gottessohn. Und so wird die Welt erlöst, zurückgebracht, geheilt und wieder ganz.«[15]

---

15 Williamson-Zitate aus TOPIC, März 1995.

Was der spirituelle Meister »Jesus« aus dem Jenseits diktierte und von Marianne Williamson populär unters Volk gebracht wird, fußt auf der altbekannten Paradies-Lüge des Teufels, dass der Mensch gottgleich sein könne.

Das Raffinierte an diesem spirituellen Pseudo-Evangelium ist die Tatsache, dass es die christliche Botschaft aufgreift und auf psychologische Weise entschlüsselt, um das »Christusbewusstsein« freizulegen, das letztlich in jedem Menschen stecke. Jesus Christus als »der Weg, die Wahrheit und das Leben«, sein Tod am Kreuz und seine Auferstehung werden dabei als spirituelle Wegweisung gedeutet, aber nicht als real stattgefunden akzeptiert.

Seit vielen Jahrzehnten wird der Boden für diesen Samen durch das Einbeziehen psychologischer Denkmodelle in den christlichen Glauben vorbereitet. Wer dem Wort Gottes bis in die Einzelheiten nicht bedingungslos glaubt und vertraut, wird dieses spirituelle Christentum faszinierend finden.

Angesichts dieses »Williamson-Menschenbildes« ist es natürlich nicht verwunderlich, dass die *Steppenblüte Communität* sich auch zur christlichen Mystik bekennt und Körperübungen nach der Feldenkrais-Methode zu ihrem Programm gehören.

Moshé Feldenkrais wollte eine Methode kreieren, die eine neue Freiheit für Körper, Geist und Seele ermöglicht. Das bedeutet eine Befreiung des Selbst aus eigenen Kräften und ist nichts anderes als eine Art Selbsterlösung. Feldenkrais bezeichnete das nicht so, sondern nannte den Vorgang »Selbsterziehung«. Feldenkrais ist ein Beispiel unter vielen, mit denen man versucht, über eine Körperarbeit Einfluss auf Geist und Seele zu nehmen – das Innere des Menschen aufzuschließen. Dazu gehören auch symbolhafte Handlungen wie das Gehen durch ein Labyrinth. Die *Steppenblüte Communität* empfiehlt das »Labyrinth als Erfahrungssymbol« im Ideenheft: »Im Begehen eines Labyrinthes kann der Mensch viel über sich selbst erfahren, über sein eigenes Unterwegssein im

Leben: Was lösen die Wendungen aus, die Begrenzungen, welche Gefühle kommen auf am Rand, in der Mitte, auf dem Rückweg ... Der Labyrinthweg ist überschaubar, man kann sich nicht verirren, sondern sich dem Weg ganz anvertrauen. Das Christentum hat das Labyrinth schon sehr früh in seinen Symbolschatz aufgenommen.«[16]

Es ist schon sehr auffällig: Immer wieder finden sich Zusammenhänge zwischen einem mystischen, den biblischen Informationen widersprechenden Gottesbild und Techniken, sein Selbst zu entdecken oder sich darin zu versenken.

Deshalb muss auch an dieser Stelle einmal die Frage erlaubt sein: Was haben Vertreter dieses aus einer okkulten Welt inspirierten Menschenbildes in einem evangelikalen Ideenheft zum Stille-Jahr verloren? Haben die Partner des »Jahres der Stille« – der *Württembergische Brüderbund*, der *Bibellesebund*, der *Deutsche Jugendverband »Entschieden für Christus« (EC)*, die *Deutsche Bibel Liga*, der *Ev. Gnadauer Gemeinschaftsverband*, die *Selbständige Ev.-Luth. Kirche (SELK)*, der *Evangeliums Rundfunk (ERF)* u. a. – gewusst, wen sie mit ihren guten Namen garnieren und damit quasi empfehlen?

Das Bibliodrama

Um das Selbst und seine Befreiung durch symbolhaftes Handeln ging es auch dem jüdischen Arzt und Künstler Jakob Levy Moreno (1890–1974). Moreno begründete eine wichtige Therapiemethode der humanistischen Psychologie – die Gruppen-Psychotherapie. Er gestaltete sie in Form eines Psychodramas und war damit in den USA erfolgreich. Der gebürtige Rumäne gilt auch als einer der Väter der Gruppendynamik. In einem mystischen Erlebnis bekam Moreno alle Informationen »durchgegeben«, um das Psychodrama zu entwickeln. Moreno glaubte, durch eine Verknüpfung von Psychologie (Psycho) und Theaterspiel (Drama)

16 Ideenheft zum »Jahr der Stille 2010«, S. 49.

eine kreative Beschäftigung mit dem »Selbst« des Menschen auszulösen und dadurch einen Selbsterkenntnis-Prozess anzustoßen. Im Psychodrama-Spiel werde eine verfestigte Psycho-Struktur neu gestaltet, was zu einem reinigenden Höhepunkt führe, der negative/verfestigte Gefühle beseitige.

Moreno und sein Psychodrama werden in der gesamten Fachliteratur als Quelle für die Bibliodrama-Methode angegeben, die auch im Ideenheft zum »Jahr der Stille 2010« empfohlen wird.

Margit Lambach, Bibliodrama- und Enneagramm-Kursleiterin aus Kassel, schreibt in einem Beitrag dazu: »Im Jahr 2009 haben wir nach dem Start mit dem ›Suchen der Nadel im Heuhaufen‹ mit Bibliodrama-Elementen gearbeitet. Im ersten Impuls ging es nach dem Finden des positivsten und negativsten Wortes im Text (Lk 18,18-30: Die Reichen und die neue Welt Gottes) um das Aufnehmen und murmelnde Lesen des Textes beim Umhergehen im Raum; beim zweiten Impuls um das Darstellen von Bibeltext-Teilen als Skulptur. Viele Teilnehmer waren erstaunt, wie sich durch diese Herangehensweise mit dem eigenen Körper biblische Geschichte und eigene Lebensgeschichte verbinden.«[17]

Entstanden ist das Bibliodrama in den 1970er-Jahren in experimentierfreudigen Nischen kirchlicher Erwachsenenbildung. Es hat sich aus dem Bedürfnis heraus entwickelt, biblische Inhalte spielerisch und unter Einbezug eigener Erfahrungen zu erschließen. Im Bibliodrama werden biblische Texte von den Teilnehmern wie auf einer Theaterbühne nachgespielt. Dabei sollen sich die Akteure mehr und mehr öffnen und all ihren Emotionen freien Lauf lassen. Geleitet wird eine solche Gruppe von einem Bibliodrama-Spielleiter. Er hat u. a. die Aufgabe, gruppendynamische Prozesse zu steuern und aufbrechende Gefühlswallungen zu kanalisieren. Im Kern geht es beim Bibliodrama darum, dass die Darsteller eine tiefe Selbsterfahrung machen sollen. Dabei spielen

17 Ideenheft zum »Jahr der Stille 2010«, S. 58.

Erlebnisse auf der körperlichen/seelischen/spirituellen Ebene eine wichtige Rolle.

»Theologischer« Ausgangspunkt für das Bibliodrama ist die Annahme, dass Erfahrungen, die Menschen mit anderen und mit Gott gemacht haben, sich in Mythen, Märchen und auch Bibeltexten niedergeschlagen haben. Diese dort versteckten Erfahrungsschätze seien zu heben, wenn man sich in die Figuren und Motive des Textes hineinversetze, sie von innen her erspüre und dann diese inneren Bilder durch Bewegung, Gestik oder Tanz nach außen lasse. So könne man dem Text unmittelbar begegnen.

Wie schon gesagt: Morenos Psychodrama war Impulsgeber und Vorbild für das Bibliodrama.

Wie Moreno zur Bibel stand, zeigen Aussagen wie diese von ihm: »Ich habe die Menschen gelehrt, Gott zu spielen«, und: »Es gibt nur einen Weg, das Gottessyndrom auszumerzen, das Rollenspiel in der Gruppe.«[18]

Das Bibliodrama ist kein einfaches Nachspielen von biblischen Szenen, sondern ein psychologisches Konzept zur Umgestaltung des Menschen. Die Bibel wird dabei u. a. als Sammelband menschlicher Erfahrungen verstanden und nicht als Gottes direkte Mitteilungen an den Menschen. Aussagen der Bibel für gläubige Christen zeigen, wie das Selbsterlösungskonzept des Bibliodramas zu bewerten ist: »Ich bin mit Christus gekreuzigt; und nun lebe ich, aber nicht mehr ich selbst, sondern Christus lebt in mir« (Gal 2,20).

Stille-Jahr: Mystische Wege zum göttlichen Kern

Nach einer näheren Analyse bringt so manches Angebot im Ideenheft zum »Jahr der Stille 2010« Christen nicht näher zu Gott, son-

18 Zitiert nach TOPIC, Juni 2007.

dern manövriert den Stille- und Gottsucher auf geschickte Weise vom Gott der Bibel weg.

Sicherlich haben die meisten Autoren des Ideenheftes zum »Jahr der Stille 2010« ihren Beitrag mit besten Absichten geschrieben: Sie möchten Christen wieder in die Stille und zu einem intensiveren Umgang mit Gott führen. Ulrich Eggers schrieb in »Jahr der Stille 2010 – Informationen und Hintergründe«, einer Information der Geschäftsstelle »Jahr der Stille 2010«: »Denn das ist das tiefste Ziel des Jahres: In der Stille neu auf Gott zu hören. Ihn zu suchen. Ihm zu begegnen. Einzeln – und als Gruppe oder Gemeinde. Gebet, Bibel, gute geistliche Nahrung – und aufmerksame Stille, damit wir auf all diesen guten Wegen ihm selbst begegnen und ihn reden hören. Denn Christen leben aus der Begegnung mit Gott. Glaube sucht die Erfahrung. Sicherlich: Gott ist unverfügbar. Aber Stille ist ein Weg, um ihm zu begegnen.« Doch etliche Wege, die zur Gottesbegegnung führen sollen, sind bei Licht betrachtet Versuche, Gott verfügbar zu machen, und aus biblischer Sicht mehr als fragwürdig. Man könnte das Ideenheft zum »Jahr der Stille 2010« auch so charakterisieren: Gut gemeint, aber streckenweise schlecht gemacht.

Man hofft, sich Gott durch bestimmte Methoden nähern zu können, doch in Wirklichkeit beschäftigt man sich mit der Suche nach einem Gott in sich selbst und verwechselt dabei oft genug sein Selbst mit Gott. Wobei aus mystischer Sicht dies gar keine Verwechslung ist.

Der Trappistenmönch und eine der Schlüsselfiguren in der Mystifizierung des christlichen Westens, Thomas Merton (auf den wir später noch näher eingehen werden), beschrieb dies so: »Das mystische Leben gipfelt in einer Erfahrung von Gottes Gegenwart, die jede Beschreibung übersteigt und die nur möglich ist, weil die Seele völlig ›in Gott geformt‹ und sozusagen ›ein Geist‹ mit ihm geworden ist. Weil unser innerstes ›Ich‹ das vollkommene Bild von Gott ist, findet man, wenn das ›Ich‹ wach wird, in sich selbst die Gegenwart von dem, dessen Bild es ist. Und – in einem Paradox jenseits aller menschlichen Ausdrucksmöglichkeiten gesagt – Gott und die Seele scheinen nur ein einziges ›Ich‹ zu haben. Sie sind – durch göttliche Gnade – derart, als wären sie eine einzige Person. Sie atmen und leben und handeln als Einziger. Keiner der zwei ist dem anderen Objekt.«[19]

Anders formuliert: Auf der Suche nach seinem Selbst kann man auf seinen eigenen Gott in seinem Selbst stoßen. Noch kürzer gesagt: Der Mensch hat einen göttlichen Kern. Der Mensch ist – im wahrsten Sinne des Wortes – zutiefst göttlich. Dieses mystische Gottesbild, so wie Merton es skizzierte, scheint bei etlichen Autoren im Ideenheft zum »Jahr der Stille 2010« ziemlich deutlich durch.

Der Weg zur Mitte mit heidnischen Techniken?

Eine Autorin, die sich als Schwester Dorothea vom Retraitenhaus Sonnenhof in Gelterkinden (Schweiz/Schwestern von Grandchamp) vorstellt, schreibt in ihrem Beitrag mit der Überschrift »Stille – etwas Unspektakuläres«: »Der Weg in meine Mitte ist ein Weg in die Tiefe meines Wesens, an den Ort, wo Gott schon auf mich wartet, mich empfängt und in seine Arme nimmt. In der wortlosen Begegnung mit ihm lerne ich verstehen und mit dem Herzen zu sehen.«[20]

Gleich auf der nächsten Seite des Ideenheftes bekennt Bruder Paulus aus dem Kapuzinerkloster »Käppele« in Würzburg: »Wenn ich meditiere, dann geht es mir darum, dass ich mir Zeit nehme, mit Gott zusammen zu sein. … Ich möchte nicht nur einfach leer werden, sondern ganz im Gegenteil: In der Meditation versenke ich mich in das Wesen meines geliebten Gegenübers – meines Gottes. Seine Gegenwart genieße ich, wenn ich einfach da bin und immer

19 Josef Sudbrack, Meditative Erfahrung – Quellgrund der Religion?, Stuttgart 1994, S. 56.
20 Ideenheft zum »Jahr der Stille 2010«, S. 20.

wieder beim Einatmen bete: Von dir zu mir. Und beim Ausatmen: Von mir zu dir.«[21]

Diese Form des Betens hat verblüffende Parallelen mit der *So-Ham*-Meditation aus Indien. *So* ist »Er«, also Gott, *Ham* bin ich selber. Durch solches ständiges Wiederholen der Silben und Aus- und Einatmen soll man angeblich Gott näher kommen bzw. mit ihm eins werden.

Aus dem Beitrag von Bruder Paulus wird nicht ersichtlich, ob er mit dieser fernöstlichen Meditationsform sympathisiert. Das sieht bei einer Abhandlung des »Pfarrers für Meditation und geistliches Leben der *Ev. Kirche von Kurhessen-Waldeck*« schon deutlich anders aus.

Dr. Manfred Gerland gibt in seinem Artikel mit der Überschrift »Anleitungen zum Still-Werden« folgende Empfehlungen:
»Suchen Sie sich einen stillen Ort in Ihrer Wohnung oder in einer Kirche. Zünden Sie eine Kerze an.

- Bevor Sie sich auf Ihrem Platz niederlassen, beginnen Sie in den Knien zu wippen, zunächst langsam und dann immer heftiger, bis der ganze Körper in eine Schüttelbewegung kommt. Streifen Sie mit den Händen den Körper ab und hauchen Sie alle verbrauchte Luft aus.
- Führen Sie die Handflächen vor der Brust zusammen und verneigen Sie sich vor dem Geheimnis der Gegenwart Gottes.
- Nehmen Sie Platz auf einem Stuhl mit einer geraden, nicht zu weichen Sitzfläche.
- Nehmen Sie mit beiden Füßen Kontakt zum Boden auf.
- Spüren Sie den Kontakt Ihrer Sitzfläche zum Stuhl, verlagern Sie das Gewicht leicht auf die eine, dann auf die andere Seite, nach vorn, zur Seite, nach hinten, zur anderen Seite, kommen Sie so in eine kreisende Bewegung. Kommen Sie wieder zur

21 Ideenheft zum »Jahr der Stille 2010«, S. 21.

Ruhe. Der Oberkörper richtet sich aus dem Becken heraus frei auf – ohne Kontakt zur Stuhllehne …
- Die Hände liegen im Schoß oder auf den Oberschenkeln.
- Die Augen sind leicht geöffnet oder geschlossen …
- Nehmen Sie Ihren Atem wahr, wie er kommt und geht, ohne ihn zu verändern …
- Richten Sie Ihre Aufmerksamkeit auf das Ausatmen, legen Sie in das Ausatmen alle innere Unruhe und lassen Sie sie mit dem Atem abfließen …
- Nehmen Sie die Geräusche um sich wahr, die lauten und die leisen, die nahen und die fernen …
- Nehmen Sie die Stille um sich herum wahr …
- Lassen Sie nun die Stille mit jedem Atemzug in sich einströmen …
- Genießen Sie den Augenblick; genießen Sie es, einfach nur da zu sein …
- Wenn Sie unkonzentriert werden und die Gedanken abschweifen, kommen Sie zurück zur Beobachtung Ihres Atems …«[22]

Der Normalbürger wird sich bei diesen Ausführungen zunächst einmal fragen: »Was soll denn das? Hin- und Herwippen, bis es einen schüttelt – und dann das Abstreifen des Körpers?«

Elke Kamphuis ist diese Beschreibung nicht fremd. Die in evangelikalen Kreisen bekannte Publizistin und Vortragsrednerin war jahrelang in die Esoterik verstrickt. Doch dann lernte sie Jesus Christus kennen und bekehrte sich. Heute warnt sie eindringlich davor, sich mit Esoterischem einzulassen. Dieses »Abstreifen« kennt sie noch aus ihrer »alten Zeit«. In der Esoterik ist man nämlich der Meinung, dass sich durch starkes Schütteln schlechte Energien aus dem Körper lösen, sich aber noch in der Aura befinden. Die Aura wird als unsichtbares Energiefeld oder auch als Energiekörper gesehen, das den Menschen umgeben und innere Zustände des Menschen widerspiegeln soll. Um die Aura zu reinigen, müs-

22 Ideenheft zum »Jahr der Stille 2010«, S. 15.

sen negative Energien durch Abstreifen entfernt werden. Elke Kamphuis hat durch ähnliche Techniken immer wieder eine Öffnung zu einer okkulten Welt erlebt, von der sie beherrscht wurde.

Auch etliche der anderen Anweisungen von Pfarrer Gerland lassen die Frage aufkommen: Was hat das mit christlichem Glauben zu tun? Wo finden wir solche Anweisungen in der Bibel, um in der Stille Gott zu begegnen?

Verdächtige Parallelen mit der fernöstlichen Glaubenswelt

In der Bibel finden wir sie nicht. Aber in der Bhagavad Gita. In dieser heiligen Schrift der Hindus werden u. a. auch Meditationsanweisungen gegeben, um mit »himmlischen Welten« in Kontakt zu kommen. Letztlich geht es um die Vereinigung mit der zentralen Hindu-Gottheit Krishna.

Krishna kommt, je nach Kontext, unterschiedliche Bedeutung zu: Einmal wird er als das kosmische Selbst angesehen, das alles Lebende durchdringt; ein anderer Aspekt ist die Bedeutung als innere Göttlichkeit, die ein Nachdenken über das kosmische Selbst in einem jeden Lebewesen bewirkt. Eine dritte Funktion – so das Internet-Lexikon »Wikipedia« – ist die eines »spirituellen Lehrers«.

Um nun mit dieser Gottheit in Kontakt zu treten, werden in der Bhagavad Gita Meditationsübungen mit folgenden Schwerpunkten gefordert:

- ein ritueller Ort – abgelegen und ruhig,
- eine rituelle Körperhaltung – aufrecht kerzengerade,
- Ruhe, Stille oder Leere des Geistes,
- das Abschalten des Denkens und der Gedankentätigkeit,
- die Konzentration auf den Atem,
- die Kontrolle und Rhythmisierung des Atems.[23]

23 Zitiert nach dem Buch »Meditation und Yoga« von Reinhard Franzke.

In der von Pfarrer Manfred Gerland angebotenen Meditation wird sehr viel Wert auf die Atmung bzw. die richtige Atemtechnik gelegt. Nicht ohne Grund ist die Atmung ein Teil der meditativen Übungen in den Religionen. Dazu schreibt die christliche Ärztin Dr. Renate Brehm in ihrem Buch »Alternative Heilverfahren – Religionen – und der ›Affe Gottes‹«[24]:

»Der Vorgang des Ein- und Ausatmens wird hierbei nicht als physiologisch notwendiger Prozess zur Erhaltung des leiblichen Lebens gesehen, sondern soll dem Meditierenden einen Grundrhythmus vermitteln, in den er sich ohne verstandesmäßiges Reflektieren hinein versenken kann – unterstützt eventuell durch rhythmisches Bewegen – mit dem Ziel des *Leerwerdens des Bewusstseins*.

Im weiteren Verlauf des Atemvorgangs soll es – quasi wie von allein – geschehen, dass eine Öffnung geschieht für den Kosmos und ›kosmische Energien‹, die zusätzlich zum Luft-Einatmen in den Körper, aber auch in die Seele und in das entleerte Bewusstsein eindringen und zur Verwandlung des Menschen führen. Im Einswerden mit dem Kosmos erfahre der Mensch *sein wahres Heil*, werde stark und verjüngt und letztlich *›ein neuer Mensch‹* mit *gewandeltem Bewusstsein*. Er wisse dann um die Wirklichkeit der jenseitigen Welt mit ihren – von ihm leider nicht als widergöttlich erkannten – Wesenheiten und achte das diesseitige Leben gering.«[25]

Pfarrer Manfred Gerland möchte in seinen »Anleitungen zum Still-Werden« folgendes Ziel erreichen: »Stille werden im Leib. Stille werden in der Seele. Stille werden im Geist. Nichts tun, nichts wollen, nichts denken, einfach nur da sein, ganz da sein im Augenblick, ausruhen in der bergenden Gegenwart Gottes, wie ein leeres Gefäß sein, sich Gott hinhalten: Hier bin ich, so bin ich, dein bin ich, fülle mich.«

---

24 Eigenverlag.
25 Ebd., S. 147.

Obwohl Gerland als Aufhänger für seine Meditation einen Halbvers aus Psalm 62,2, »Nur auf Gott wartet still meine Seele ...«, verwendet, kommt die Frage auf, welchen Gott Gerland in Wirklichkeit in seiner Meditation ansteuert. Ist es wirklich der Gott, von dem »meine Rettung kommt. Nur er ist mein Fels und mein Heil, meine sichere Burg« (Ps 62,2a-3)?

Seinen Beitrag zum Still-Werden schließt der Meditations-Pfarrer so ab: »Öffnen Sie langsam wieder die Augen, lösen Sie sich aus der Meditationshaltung. Führen Sie die Hände vor der Brust zusammen und verneigen Sie sich vor der Gegenwart Gottes.«

Vor welchem Gott verneige ich mich nach so einer Meditation? Vor einer Gottheit wie Krishna? Laut Sanskrit bedeutet der Name »der Dunkle«.

Der ehemalige Guru Rabindranath R. Maharaj beschreibt in seinem Bestseller »Tod eines Guru«, wie er zu hinduistischen Gottheiten meditierte und sich nach einer solchen Meditation stets mit einer Verneigung verabschiedete.

Auch das Zusammenführen der Hände vor der Brust ist in der christlichen Tradition nicht verwurzelt – im asiatischen Heidentum schon. Diese Geste ist aus der rituellen Gottesanbetung der Hindus – der Mudra – bekannt und drückt die Verehrung des Absoluten, des wahren Wesens aller Dinge aus.

Ist es nicht eine magische, heidnische Vorstellung, Gott mittels einer Technik oder Methode – z. B. mit Atemübungen – verfügbar machen zu können? Der biblische Weg, Gott näher zu kommen, sieht völlig anders aus:

»So unterwerft euch nun Gott! Widersteht dem Teufel, so flieht er von euch; naht euch zu Gott, so naht er sich zu euch! Reinigt die Hände, ihr Sünder, und heiligt eure Herzen, die ihr geteilten Herzens seid! Fühlt euer Elend, trauert und heult! Euer Lachen verwandle sich in Trauer und eure Freude in Niedergeschlagenheit! Demütigt euch vor dem Herrn, so wird er euch erhöhen« (Jak 4,7-10). Von Atemübungen und einer passiven Stille ist da nichts zu lesen.

In den USA existiert seit 2001 ein privates christliches Forschungs-Projekt mit Namen *Lighthouse trails*. Man beschäftigt sich dort mit der zunehmenden Religionsvermischung und der wachsenden Abkehr von einem evangelikalen Bibelverständnis[26]. Einer der Mitarbeiter, Ray Yungen, schrieb 2006 ein Buch mit dem Titel »A Time of Departing« (»Eine Zeit des Weggehens«). Im Vorwort heißt es: »Indem man die mystischen Methoden der östlichen Religionen wie die Wiederholung von Worten (Mantras) und die Passivität des Verstandes praktiziert, machen bekennende Christen außerordentliche Erfahrungen mit der geistlichen Welt. In christlichen Kreisen sind diese Methoden bekannt als: die Stille, Atemgebet, Gebet der Sammlung oder kontemplatives Gebet. Durch diese mystischen Gebetspraktiken wendet sich die christliche Gemeinde von heute in einer subtilen Weise vom Evangelium ab.«[27]

Das Herzensgebet

Exakt dieses subtile Verführungsprogramm findet sich in etlichen Schattierungen im Ideenheft zum »Jahr der Stille 2010« wieder. Dazu gehört auch das Atemgebet, das ebenso als Jesusgebet, kontemplatives Gebet, immerwährendes Gebet, Ruhegebet oder Herzensgebet bekannt ist.

Der Meditationspfarrer Dr. Manfred Gerland schreibt in einem weiteren Beitrag zum Ideenheft unter der Überschrift »Stille beim Pilgern«: »In der ständigen Wiederholung eines kurzen Gebets-

26 Gemeint ist hier, dass die Bibel vollständig von Gott inspiriert und deshalb in allen ihren Aussagen unfehlbar, irrtumslos und ewig gültig ist.
27 Prof. Johan Malan, *Eastern Meditation Sneaks into the Church*. http://www.bibleguidance.co.za/Engarticles/Contemplation.htm. Deutsche Übersetzung des Artikels: *Östliche Meditation und Christentum* http://distomos.blogspot.com/2010/01/ostliche-meditation-und-christentum.html.

wortes, z. B. des Herzensgebetes (›Herr Jesus Christus, erbarme dich meiner!‹) oder Bibelwortes beim Gehen, in dem es nicht um ein Nachdenken geht, rutscht das Gebetswort vielleicht vom Kopf ins Herz, das heißt in die Mitte der Person, und wirkt dort reinigend, klärend, ermutigend und tröstend. Zwischendurch immer einmal eine Pause machen, die Worte nachklingen lassen und dann wieder aufnehmen.«[28]

Das Herzensgebet, Atemgebet oder immerwährende Gebet – wie immer wir es nennen wollen – besteht aus längeren Worteinheiten wie beispielsweise: »Herr, wie es dir gefällt und nach deinem Wissen erbarme dich meiner.« Im Laufe des Gebetstrainings werden die Gebetsworte immer kürzer: »Jesus, Messias, Sohn Gottes«; »Komm, Herr Jesus!«; »Kyrie eleison«; »Jesus du«; »Abba«.

Diese Gebetsworte sollen nun stetig – immerwährend – wiederholt werden. Zunächst laut, dann leise, dann in Gedanken. Nonstop die gleichen Worte.

Viele, die diese Gebetstechnik praktizierten, erlebten dabei wundersame Effekte. Der katholische Priester und Exerzitienleiter Peter Dyckhoff beschreibt in seinem Anleitungsbuch zum Ruhegebet mit dem Titel »Ruhegebet«, wie beispielsweise sein Spannungskopfschmerz verschwand. Sein Konsum von Schmerzmitteln, Schlaftabletten und auch von Alkohol reduzierte sich bereits nach einigen Wochen. Eine Normalisierung des zu niedrigen Blutdrucks trat ein. Die Anfälligkeit für Krankheiten – vornehmlich Grippeerkrankungen – nahm deutlich ab.

Wie ist das möglich? Diese Frage stellt sich umso drängender, wenn man in Anleitungsbüchern zum Ruhegebet Folgendes liest: »Das Ziel des Ruhegebetes besteht darin, keine Vorstellungen – insbesondererweise keine Vorstellung von Gott – und keine Gedanken mehr zu haben, wenn Geist und Seele durch die

28 Ideenheft zum »Jahr der Stille 2010«, S. 54.

strenge Armut eines einzigen Gebetsverses in eine immer tiefer werdende Ruhe versetzt werden … Über den Inhalt der einzelnen Gebetsanrufungen sollte weder lange nachgedacht noch reflektiert werden. Nachdem man sich ›sein Wort‹ ausgesucht hat, ist es nicht notwendig, zu begründen, warum und weshalb gerade dieses Gebet gewählt wurde. Je weniger der Intellekt bei diesem ersten Schritt wie auch später bei der Ausübung des Ruhegebetes beteiligt ist, umso schneller und leichter wird der Betende Fortschritte machen.«[29]

Wenn das so ist: Was wirkt dann bei dieser Gebetstechnik?

Führende Verfechter des Herzensgebetes geben offen zu, dass Technik und Wirkung beim Herzensgebet ziemlich identisch sind mit fernöstlichen Praktiken der Versenkung.

So weist der »Vater« der deutschen Version des Herzengebetes, der Benediktiner-Mönch Emmanuel Jungclaussen, in seinem Buch »Unterweisung im Herzensgebet« darauf hin, dass es sogar Parallelen im Islam gebe.

(Eine ausführliche Darstellung des Herzengebetes mit detaillierter Beleuchtung des Hintergrundes finden Sie im Anhang.)

Warum Passivität und innere Leere gefährlich sind

Die Nachfolge Jesu und das Gebet erfordern immer unsere Aktivität. Unser Wille ist hier entscheidend angesprochen. Die Bibel sagt: Ringet! Suchet! Bittet! Klopfet an! Jaget nach! Widerstehet! Prüfet! Nahet euch zu Gott! Alle diese Aufforderungen vermitteln nur eines: nicht passiv sein, sondern aktiv. Ein Christ ist immer hellwach und auf dem Posten! »Seid wachsam!« ist eine der häufigsten Warnungen Jesu in Bezug auf die letzten Tage

29 Peter Dyckhoff, Ruhegebet, München 2009, S. 110.

dieser Weltzeit vor seiner Wiederkunft. Alle diese Aufforderungen richten sich nur an eine Adresse im Gehirn: an die linke Gehirnhälfte mit dem Willen und der Intelligenz.

Der bekannte chinesische Christ und Autor geistlicher Bücher Watchman Nee schreibt über das Phänomen der Passivität: »Die eigentliche Unterlassungssünde, die den bösen Geistern Raum gewährt, ist die Passivität des Gläubigen ... Wenn ein Mensch aufhört, eine natürliche Gabe zu gebrauchen, und sie in Untätigkeit absinken lässt, gibt er damit dem Teufel und seinen Helfern eine Gelegenheit, sie an seiner Stelle zu nutzen. Das bildet dann die Basis für ihre finsteren Machenschaften ... Die hauptsächliche Ursache des Betrugs bei gottgeweihten Gläubigen kann in einem Wort zusammengefasst werden: Passivität, das heißt, ein Einstellen der aktiven Betätigung des Willens bei der Beherrschung von Geist, Seele und Leib oder einem von den dreien ... Aus dem Brachliegenlassen seiner verschiedenen Anlagen entsteht die Passivität eines Gläubigen. Er hat einen Mund, aber er weigert sich zu reden, weil er hofft, der Heilige Geist werde durch ihn sprechen. Er hat Hände, aber ist nicht bereit, sie zu gebrauchen, da er von Gott erwartet, dass er es für ihn tut. Er betrachtet sich selbst als Gott völlig hingegeben, darum will er keinen Bereich seiner Persönlichkeit mehr gebrauchen. Dadurch verfällt er in einen Zustand der völligen Trägheit, der dem Betrug und der darauffolgenden Besetzung durch böse Geister Tür und Tor öffnet.«[30]

Immer häufiger werden Christen angehalten, passiv zu werden, zu meditieren, sich in die »innere Stille« zu versenken; man meditiert anhaltend über Bilder und Gegenstände, Atem-, Sprech- und Stillhalteübungen werden empfohlen, um ein vertieftes Wirken des »Heiligen Geistes« zu ermöglichen. Ohne geistige Spannung soll man einfach allem, was auf einen zukommt, nach- bzw. sich hingeben. Gerade dadurch aber erfüllt man – wie Watchman Nee

30 Watchman Nee, *Der geistliche Christ*, TELOS, Band 3, S. 93-94.

es darlegte – die Gesetze der Passivität. Man kann somit zu einem Medium umfunktioniert werden.

Watchman Nee schreibt weiter:
»Alle übernatürlichen Offenbarungen, Visionen oder merkwürdigen Geschehnisse, welche die völlige Unterbrechung der Betätigung des Verstandes fordern oder erst empfangen werden, nachdem der Verstand seine Arbeit eingestellt hat, sind nicht von Gott … Der Christ muss ganz klar verstehen, dass alle seine Äußerungen das Resultat seines eigenen Denkens sein müssen. Jedes Wort, das den Denkprozess umgeht, ist von den bösen Geistern formuliert worden.«[31]
Doch wie ist es möglich, dass sich andere Geistesmächte durch eine passive Haltung meiner bemächtigen können und durch eine aktive nicht?

Aufschlussreiche Erkenntnisse zweier Gehirnforscher

Zwei Gehirnforscher haben dazu sehr aufschlussreiche Erkenntnisse geliefert: Es sind der Physiologe[32] Sir John Carew Eccles und der Neurochirurg Wilder Penfield. Der Australier Eccles bekam für seine Forschungen, die erstmals das Funktionieren des Gehirns aufklärten, den Nobelpreis. Diese beiden Wissenschaftler stellten aufgrund ihrer Forschungsergebnisse fest, dass unser Gehirn wohl einer komplizierten Maschine vergleichbar ist, die sich aber nicht selbst steuert, sondern von einem unsichtbaren Wesen bedient wird. Sir John Eccles nannte es das »Selbst«. Es handele sich gewissermaßen um eine unsichtbare Person.

Die beiden Forscher haben also erkannt, dass unser Gehirn eigentlich gar nicht selbstständig denken kann. Was in Wirklichkeit denkt, ist eben ein Geist als übergeordnete Instanz, der sich dieses Gehirns wie einer Maschine bedient. Im Bild gesprochen: Unser

31 Ebd., S. 28 und S. 43.
32 Physiologie ist die Wissenschaft von den Grundlagen des allgemeinen Lebensgeschehens wie das Funktionieren des menschlichen Organismus.

Gehirn ist wie ein Klavier. Entscheidend ist nicht nur das Klavier, sondern wer darauf spielt.

Besonders Penfield erkannte weiter: Nicht nur mein Geist, mein »Selbst«, kann auf meinem »Gehirn-Klavier« spielen, sondern auch ein anderer Geist. Normalerweise ist meine Persönlichkeit der Geist, der mein Gehirn bedient. Doch in einem anderen Bewusstseinszustand kann plötzlich eine andere Macht die Kontrolle über mein Gehirn übernehmen und somit auch den ganzen Körper steuern. Besonders eindrücklich ist dies zu beobachten, wenn in bestimmten Kulten, beispielsweise dem Voodoo-Kult, Menschen in Trance fallen und Geistwesen sich ihrer bemächtigen. Diese Menschen verlieren völlig die Kontrolle über sich selbst, fallen hin, zucken, schreien, lachen, schneiden Grimassen oder stoßen Tierlaute aus.

Die Selbstkontrolle und das Selbst

In der Bibel finden wir in Galater 5,22 eine Aufzählung, welche Frucht der Heilige Geist im Leben eines gläubigen Menschen bewirken kann: »Die Frucht des Geistes aber ist Liebe, Freude, Friede, Langmut, Freundlichkeit, Güte, Treue, Sanftmut, Selbstbeherrschung.« Gerade der zuletzt genannte Punkt in der Aufzählung macht deutlich, dass der Heilige Geist die Selbstkontrolle stärken möchte und keine Direktkontrolle durch einen anderen Geist stattfinden soll.

Der Heilige Geist erleuchtet unseren Verstand und aktiviert unseren Willen. Alle anderen Geister – wo immer sie ihren Ursprung haben und wie sie auch heißen mögen – schalten unseren Willen aus. Sie machen uns passiv.

Der Heilige Geist, der jedem sofort geschenkt wird, wenn er sich zu Jesus Christus bekehrt, bewirkt, dass ich mein Gehirn immer kontrollierter und somit immer besser benutzen kann.

»Aufatmen«, eine evangelikale Brücke zur Mystik

Seit Jahren läuft unter den Evangelikalen in Deutschland ein Großversuch, der mit dem »Jahr der Stille 2010« einen vorläufigen Höhepunkt erlebt. Es geht darum, die Mystik bekannt und populär zu machen. Das Hauptlabor für diesen Großversuch steht in der Catharinenstraße in Cuxhaven: Es ist die Redaktion der Zeitschrift *Aufatmen* unter der Leitung des Pastors aus dem *Bund Freier evangelischer Gemeinden in Deutschland KdöR* (FeG), Ulrich Eggers. Dort wird seit Jahren das mystische Gebräu zusammengerührt und dem evangelikalen Publikum in kleinen Dosen über die Seiten von *Aufatmen* verabreicht.

Im Jahr der Gründung von *Aufatmen*, 1996, schreibt Chefredakteur Ulrich Eggers über die geistliche Erneuerungsbewegung *Renovaré*, die der Quäker-Theologe Richard J. Foster 1988 in den USA ins Leben rief: »Wenn man die Namensliste des *Renovaré*-Referenzkomitees liest, könnte man glauben, die Erweckung sei schon ausgebrochen. Traut vereint findet sich hier alles, was in den USA geistlich gesehen Rang und Namen hat: von links-evangelikal und sozial engagiert (Tony Campolo, Ronald Sider oder Millard Fuller von ›Habitat for Humanity‹) über traditionell (Ted Engström, James Parker, Ingrid Trobisch, William Frey vom Trinity-College), charismatisch (Roger und Faith Forster von der Ichthys-Fellowship in London, Peter Wagner, John Wimber) bis hin zu katholisch oder ökumenisch (Henri J. M. Nouwen) – alle Namen also, die mit Fug und Recht auch in dieser Zeitschrift einen Platz haben könnten und unsere Ziele teilen.«[33]

Fast zehn Jahre später steht über einem *Aufatmen*-Artikel des Gründers der *Renovaré*-Bewegung, die Hunderttausende von Evangelikalen zur Mystik und zu okkulten Praktiken führte: »Ausdruck der neuen Betonung der persönlichen Gottesbeziehung war 1996 auch die Gründung der Zeitschrift *Aufatmen*, die sich dieser Thematik besonders verpflichtet weiß. Spiritualität, ein lebendiger

33 Aufatmen, Heft 3/1996, S. 31.

geistlicher Lebensstil, ist heute zu einem mehrheitsfähigen Thema geworden, das auch in der weiteren Gesellschaft Widerhall findet und sich nicht nur aus eindeutig christlichen Quellen speist ...«[34]

Angesichts dieses eindeutigen Bekenntnisses des Chefredakteurs von *Aufatmen* ist es nicht verwunderlich, wenn immer wieder mystisch ausgerichtete Autoren in *Aufatmen* zu Wort kommen oder dem Lesepublikum vorgestellt werden – selbst Personen, die gar nicht an den biblischen Jesus Christus glauben, wie der berühmte Pater und Buchautor Anselm Grün.

Ohne jegliche Kritik werden den Lesern von *Aufatmen* – und darunter sind sehr viele Entscheidungsträger in Kirchen und Gemeinden – Persönlichkeiten vorgestellt, die bei genauerer Prüfung gar nichts mit einem biblischen Glauben zu tun haben – dafür mehr mit einer antigöttlichen Mystik.

Tolerieren, akzeptieren, ausprobieren – und dann?

Dass man vor solchen Leuten nicht mehr eindeutig warnt, hat damit zu tun, dass sich unter den Evangelikalen ein Denkmuster festgesetzt hat, das der Vorsitzende der *Deutschen Evangelischen Allianz* (DEA), Jürgen Werth, in der DEA-Zeitschrift *EiNS* so formulierte: »Jeder sollte das, was Brüder und Schwestern tun, zunächst einmal stehen lassen. Sollte hinhören, hinschauen, nachfragen. Und nicht öffentlich verächtlich machen, was der eigenen Prägung fremd ist.« Hat Paulus andere Menschen etwa verächtlich gemacht, wenn er ihre falschen Lehren angriff? Hier purzeln die Begriffe und Kategorien munter durcheinander.

In einem Zeitungsinterview formuliert Werth die gerade zitierte Sichtweise positiv und emotional: »Evangelische Allianz bedeutet: ›Ich habe Sehnsucht nach Ergänzung. Ich kann und will von anderen lernen.‹«[35] Diese Sichtweise führt zu einer verhängnis-

34 Aufatmen, Heft 4/2005, S. 15.
35 Zitiert nach TOPIC, 3/2007.

vollen Handlungsweise: Unaufgeklärten Gläubigen wird mittlerweile alles zur geistlichen Menü-Bereicherung empfohlen oder vorgesetzt, was irgendwo einen christlichen Stempel trägt. Ob diese geistlichen Produkte möglicherweise mit gefährlichen Giften »gespritzt« sind, interessiert offenbar nicht mehr.

Ein Beispiel: In der Sommerausgabe 2000 widmet *Aufatmen* dem Benediktiner-Pater Anselm Grün eine Titel-Geschichte und schickt dazu den FeG-Pastor Arne Völkel in Grüns Kloster nach Münsterschwarzach. Völkel führt mit Anselm Grün ein Interview und verarbeitet dieses in einer Reportage. Der FeG-Pastor aus Dortmund lässt dabei auch leise Kritik einfließen, bezeichnet Grün als theologischen Grenzgänger, stellt dem berühmten Benediktiner-Pater aber doch letztlich einen »Persilschein« aus: »Dankbar habe ich in der Vorbereitung zu diesem Porträt viele ermutigende Bücher von ihm gelesen, und ich möchte mehr der Sehnsucht in mir folgen, die mich auf Gott hinweist.«[36] Doch zu welchem Gott ermutigt der Benediktiner-Pater mit dem mystischen Einschlag?

Pater Anselm Grün

Seit einiger Zeit gibt Anselm Grün den »einfach leben-Brief« heraus, in dem er Tipps für ein einfaches Leben und eine christlich-spirituelle Lebensweise weitergibt. Dieser Brief erscheint im katholischen Herder-Verlag. In der Ausgabe 3/2008 beschreibt er in einem Artikel mit der Überschrift »Erlösung erfahren«, wie er Tod und Auferstehung Jesu Christi versteht.

Für Grün ist Jesus nicht gestorben, um die ganz persönliche Schuld und Sünde des Menschen zu tilgen und damit die Voraussetzung für Buße und Errettung zu schaffen. Er schreibt: »Der Kern der biblischen Botschaft ist: Gott vergibt uns die Schuld, weil er Gott ist, weil er barmherzig und gnädig ist. Und nicht, weil Jesus am Kreuz gestorben ist.« Im weiteren Verlauf des Arti-

36 Aufatmen, Heft 2/2000, S. 44.

kels führt Grün aus, dass es schon wichtig gewesen sei, dass Jesus gestorben ist, denn »dass Jesus am Kreuz sterben musste, hat mit Feigheit, Macht, Brutalität und letztlich Schuld zu tun. Am Kreuz wurde die Sünde der Welt, mit ihren Intrigen und Machtspielen, offensichtlich.« Letztlich sei Jesu Tod ein Spiegel für das, was den bösen Menschen ausmache. Doch Gott sei Liebe, so Grün, und schenke uns die Kraft, uns selbst anzunehmen, so, wie wir sind. Grün schreibt: »Wir, die wir uns als unannehmbar erfahren, werden durch den Blick auf Kreuz und Auferstehung Jesu befähigt, uns selbst anzunehmen …«

Grün glaubt an Jesus Christus im mystischen Sinne. Das hängt im Wesentlichen mit seiner Vergangenheit zusammen. So übte er als Student Zen-Meditation und ging bei dem berühmten deutschen Zen-Lehrer Karlfried Graf Dürckheim in die Schule.

Graf Dürckheim war in der Nazi-Zeit Mitarbeiter des Auswärtigen Amtes und wurde von dem am Übersinnlichen stark interessierten Reichsminister Rudolf Heß mit der Betreuung des Auslandsdeutschtums beauftragt. Bei seinen Reisen nach Japan lernte Graf Dürckheim (1896–1988) den Zen-Buddhismus kennen – eine besondere Schule des Buddhismus, die vorrangig die Erleuchtungserfahrung lehrt. Graf Dürckheim entwickelte nach dem Zweiten Weltkrieg die sogenannte »Initiatische Therapie«, in der er mehrere psychologische Richtungen verschmolz und mit intensiver Körperarbeit verband (z. B. auch mit Morenos Psychodrama, das ja die Vorlage zum Bibliodrama darstellt). Graf Dürckheim vermittelte dann seine Erkenntnisse in Kursen, zu denen viele esoterisch Interessierte nach Todtmoos-Rütte im Schwarzwald pilgerten. Grün schreibt über seine Zeit in Todtmoos-Rütte: »Diese Entdeckung wurde für mich und für einige Mitbrüder, die vor mir und nach mir in Rütte waren, zu einem wichtigen Schlüsselerlebnis.«[37]

37 Zitiert nach Factum 3/2005 aus dem Buch von Anselm Grün, »Gebetsgebärden«.

»Mystische« haben gegen die wörtlich zu verstehende Bibel eine Abneigung

Wie bei kaum einem anderen spiegelt sich bei Grün die Kombination eines mystischen Verstehens des Seins mit einem Hass auf die wörtlich verstandene Bibel. Diese Kombination lässt sich immer wieder auch bei anderen beobachten.

Immer wieder greift der Benediktiner-Pater den Kern der christlichen Lehre an und verurteilt in seinen Schriften ein biblisches Verständnis, welches das Christentum als Erlösungsreligion und alleinigen Zugang zu Gott versteht. Wie weit Grün dabei geht, schreibt er in der Einleitung zu seinem Buch »Erlösung. Ihre Bedeutung in unserem Leben«: »Bei Vorträgen wurde ich in der Aussprache immer wieder mit Vorstellungen konfrontiert, die mir wehtun. Da ist auf der einen Seite die Vorstellung von einem blutrünstigen Gott, der den Tod seines Sohnes braucht, um uns vergeben zu können. In manchen Köpfen schwirrt immer noch die Idee herum, dass Gott seinen Sohn sterben lässt, um unsere Sünden zu vergeben. Doch was ist das für ein Gott, der den Tod seines Sohnes nötig hat, um uns vergeben zu können?«

Pater Anselm Grün widerspricht mit dieser Sichtweise völlig dem Evangelium der Bibel, wie u. a. der 1. Korintherbrief deutlich macht. Dort schreibt Paulus im 1. Kapitel im Vers 18: »Denn das Wort vom Kreuz ist denen, die verlorengehen, eine Torheit; uns aber, die wir errettet werden, eine Gotteskraft.«

Und in 1. Korinther 2,2 unterstreicht Paulus dieses noch einmal deutlich – im völligen Gegensatz zu Anselm Grüns Glauben. »Denn ich nahm mir vor, nichts unter euch zu wissen als nur Jesus Christus, und ihn als Gekreuzigten.«

Pater Anselm Grün kann überhaupt kein Christ im biblischen Sinne sein. Wer den Kreuzestod Jesu so umdeutet, ist schlicht ein Heide – dazu ein »maskierter«, da er in einem frommen Gewande daherkommt. Das biblische Zeugnis ist eindeutig: »Jeder … der nicht in der Lehre des Christus bleibt, der hat Gott nicht; wer in der Lehre des Christus bleibt, der hat den Vater und den Sohn« (2Joh 9). Von daher ist es unverständlich, dass dem Pater in *Auf-atmen* ein so großes Porträt eingeräumt wurde. Auch im Ideenheft zum »Jahr der Stille 2010« wird Literatur von ihm empfohlen.

Im Januar 2010 sprach der berühmte Pater auf dem »Christlichen Gesundheitskongress« in Kassel. Er sprach neben bekannten Größen aus der evangelikalen Welt, wie dem Leiter der Vineyard-Gemeinde in Bern, Martin Bühlmann, der Evangelistin Christina Brudereck, dem damaligen Leiter der »Geistlichen Gemeinde-Erneuerung« im Bund Ev.-Freikirchlicher Gemeinden (Baptisten und Brüdergemeinden), Dr. Heinrich Christian Rust, und dem Chefarzt für Psychosomatik in der Klinik SGM im Schweizer Langenthal, Dr. med. René Hefti. Im Einladungsprospekt zum Gesundheitskongress fand man auf der ersten Seite u. a. folgende Aussage: »Jesus hat Hoffnung gestiftet, die alle Grenzen des Lebens übersteigt.« Wie wahr. Deshalb ist es unverständlich, dass man einen – im biblischen Licht betrachtet – Heiden wie den katholischen Pater Anselm Grün einlädt.

Grün legt die Bibel nach den Erkenntnissen von C. G. Jung aus

Grün bekennt sich klar dazu, die Bibel auch tiefenpsychologisch nach den Lehren des Psychiaters C. G. Jung auszulegen. Für Grün sind die biblischen Geschichten nur Bilder. Christus ist danach ein Bild von uns selbst, und Gott ist identisch mit unserem göttlichen Kern, den es per Meditation und Versenkung zu entdecken gelte. In einem Gastkommentar für die katholische Zeitung *Die Tagespost* schrieb Grün, eine göttliche Quelle sprudele praktisch in jedem Menschen: »Für mich als Christ ist es die Quelle des Heiligen Geistes. Andere mögen diese Quelle mit anderen Worten beschreiben. Es ist die Quelle der Intuition, die Quelle kosmischer Energie.«[38]

38 Alle Zitate nach TOPIC, 10/2006 und 07/2009.

Deshalb empfiehlt er, »Gott«, die »göttliche« Energie, einzuatmen, und meint: »Das genügt.« In der schon erwähnten Empfehlung Grüns heißt es dann weiter: »Du hast alles, was du brauchst. Mache dir keine Vorsätze. Denke nicht über dich nach. Folge nur dem Atem und dem, was er in deinem Leib bewirkt. Du bist offen für das, was Gottes Geist in dir schafft. Bewerte nicht, was in dir geschieht, sondern lass es einfach geschehen. Vielleicht ahnst du dann, dass du gegenwärtig bist, weil der gegenwärtige Gott in dir ist und an dir wirkt.«[39]

Grün liefert hier ein Stichwort, das von sehr entscheidender Bedeutung ist: »Quelle kosmischer Energie«. Dieses Stichwort führt uns zum Kernbereich der Mystik. Hat man diesen Kernbereich im Lichte der Bibel richtig verstanden und eingeordnet, dann besitzt man quasi einen Schlüssel, der einem auch andere mystische Bereiche schnell aufschließt und zu identifizieren hilft. Dann versteht man auch, warum Grün so gegen den Kreuzestod Jesu wettert, weil nämlich Jesus durch Kreuzestod und Auferstehung den Komsos mit seinen »Energien« besiegt hat.

Was ist eigentlich Mystik?

Der Begriff »Mystik« kommt von griechisch *mystikós,* was »geheimnisvoll« heißt. Es gibt sehr unterschiedliche Begriffsbestimmungen der Mystik, die hier nicht alle vorgestellt und diskutiert werden können. Im Allgemeinen aber geht es immer um eine Praxis, die mittels der Innenschau eine Einswerdung mit Gott sucht, die sogenannte »unio mystica«.

Der religiöse Mensch versucht, von sich aus Gott zu nahen und transzendente Gotteserfahrungen zu machen. Wir finden mystische Praktiken in allen Religionen. In der hinduistischen Mystik geht es um die Einheit von Atman (Seele, Selbst) und göttlichem Brahman. Auf dem Weg der Meditation und Askese kann dann

---

39 Anselm Grün, »einfach leben, ein Brief von Anselm Grün«, Nr. 3/2008.

das Selbst durch die Verbindung mit Brahman göttlich werden. Von dieser Lehre wurde übrigens die Selbstverwirklichungslehre der humanistischen Psychologie hergeleitet. In der buddhistischen Mystik geht es weniger um eine Vereinigung mit Gott als um die Loslösung vom eigenen Ich, darum, die Dualität von Subjekt und Objekt zu überwinden, eins zu werden mit der innewohnenden Buddha-Natur. So unterschiedlich die verschiedenen Lehren und Zugänge bei oberflächlicher Betrachtung erscheinen mögen, so geht es doch immer um eine mystische Erfahrung des Einswerdens, die »unio mystica«, durch die Praxis der Innenschau. Das gilt neben der buddhistischen und hinduistischen (Zen, Tantrismus) auch für die taoistische Mystik, für die islamische Mystik der Sufis, für die Mystik des Judentums (Kabbalistik) und durchaus auch für die christliche Mystik. Die Wege und die Erfahrungen christlicher Mystiker weisen große Ähnlichkeiten und Parallelen mit den mystischen Traditionen dieser anderen Religionen auf.

Historisch wird die Mystik aus zwei Hauptquellen gespeist: einer christlichen und einer heidnischen. Ende des 2. Jahrhunderts übertrug Klemens von Alexandria (160–220) die Sprache der heidnischen Mysterien auf die christliche Lehre vom geistlichen Leben. Etwas später entwickelte der neuplatonische Philosoph Plotin (205–270) eine Mystik aus platonischer Philosophie und Mysterien von orientalischen Kulten. Plotin lehrte die Existenz eines absoluten Gottes, des »Unbedingten Einen«, mit dem man sich in Ekstase und Kontemplation (geistiges Sichversenken) verbinden könne.

Rudi Holzhauer schreibt in einer hervorragenden Darstellung und Beurteilung der Mystik aus biblischer Sicht: »Diese historischen Tatsachen sollten uns eigentlich genügen, der ›christlichen Mystik‹ mit großem Misstrauen zu begegnen.« Weiter schreibt Holzhauer: »Gott mühte sich in seinem Erbarmen zu uns herab und erlöste uns durch Christi Opfertod. Der Mystiker jedoch schwingt sich in transzendentalen Meditationen und Versenkungspraktiken zu ›Gott‹ hinauf, um seiner ›habhaft‹ zu werden. Nicht selten stießen ihn die kosmischen Mächte zurück in die ›dunkle Nacht der Seele‹, eine bittere Erfahrung, die nahezu alle Mystiker zu durchleiden hatten.«[40]

Doch was ist das für eine kosmische Adresse, von der Grün und Holzhauer sprechen?

Das kosmische Energie-System

Eine ehemalige New-Agerin, May Rothen, die heute gläubige Christin ist, aber zu ihrer New-Age-Zeit viele Interessierte als eine Art Guru in den New-Age-Bereich eingeführt hat, schreibt:

»Das kosmische System bietet seine Kraft der Seele des Menschen an, um diese über feinstoffliche Systeme durch kosmische Energie in Einklang zu bringen. Es wird von der Annahme ausgegangen, dass die gegensätzlichen Kräfte der Seele in Einklang gebracht werden können durch verschiedenste Methoden und Systeme des Ausgleichs, sodass durch Integration (Zusammenführung) eine neue Ganzheit entsteht. Begriffe wie Ätherkörper, Astralleib, Energiefeld bezeichnen dieses feinstoffliche Gebilde, das so beeinflusst werden könne, dass psychische und physische Mängel in wachsendem Maße behoben werden.

Wie funktioniert das? Eine Reihe von 12 Meridianen (Energiebahnen) durchzieht diesen feinstofflichen, dem normalen Auge unsichtbaren Leib, wobei 6 Yin- und 6 Yang-geprägte sein sollen. Die meisten dieser esoterischen Systeme sehen die Energie den Körper durchziehen, wobei 7 verschiedene Kraftzentren (Chakren) in Aktion gesetzt werden können. Dieser ätherische Leib, der aus kosmischen Energien besteht, soll einige Zentimeter über den physischen Leib hinaus wirksam sein und strahlen. Eine Schau dieser Strahlung, die hellsichtig erfasst werden kann, nennt man Aura.

40 Rudi Holzhauer, Verführungsprinzipien, Wuppertal 2000, S. 17.

Diesem System kann Energie aus dem Kosmos durch verschiedene Übungen, Konzentrationen etc. zugeführt werden. Diese Energie ist aber mit keiner naturwissenschaftlich bekannten Energie identisch! Es ist ganz eindeutig eine Energie, die aus dem Verborgenen (mit Fremdwort ›dem Okkulten‹) kommt.

Das christliche Abendland betet am Schluss des Vaterunsers ›Denn dein ist das Reich und die Kraft und die Herrlichkeit in Ewigkeit.‹ Der Gott der Bibel hat Kraft, Energie. Nun sagt aber die Bibel, dass diese geistige Kraft, dieses ›Pneuma‹, nicht dieselbe ist wie jene des Kosmos. ›Wir haben nicht den Geist des Kosmos (griechischer Grundtext: *pneuma tou kosmou*) empfangen, sondern den Geist Gottes (*pneuma tou theou*), damit wir die Dinge kennen, die uns von Gott geschenkt sind‹ (1Kor 2,12).

Die Bibel bezeichnet die Person, die kosmische Kraft zu vermitteln vermag, als ›Fürsten des Kosmos‹ (*arkon tou kosmou;* Joh 12,31) und seine Diener als ›*kosmokratores*‹ oder ›Weltbeherrscher der Finsternis‹ (Eph 6,12). Dieser Fürst ist auch als Satan bekannt, und die Bibel gesteht ihm eine sehr wirksame Kraft zu, mit der er Zeichen und Wunder zu tun und ganz besonders auch einen falschen Weg zum Heil oder zur Ganzheit vorzugaukeln vermag.«[41]

Die unsichtbare Dimension in der Bibel

Die Bibel gibt keinen großen Einblick in diese Welt des dämonischen Kosmos. Dennoch deutet sie einiges an, was hilfreich ist, um sich im Hinblick auf diesen Bereich richtig – so, wie Gott es möchte – zu verhalten.

Laut Bibel gibt es eine unsichtbare, übernatürliche Welt. In dieser Welt sind die guten Engel Gottes zu Hause, aber auch die bösen Dämonen des Teufels mitsamt ihrem Oberbefehlshaber Satan.

41 May Rothen, Esoterische Energie oder Kraft Gottes? Hinter- und Beweggründe der Kinesiologie, TOPIC Sonderdruck 13.

Durchgängig lässt sich in der gesamten Bibel ein Gesetz erkennen, das so auf den Punkt gebracht werden kann: Die unsichtbare Welt der guten Engel, die unsichtbare Dimension Gottes, kann sich für die sichtbare Welt öffnen, aber die Aktivitäten gehen stets von dort aus. Ein Mensch von sich aus kann diese nicht in Aktion setzen. Er kann sie nicht mit Techniken erreichen und mit keiner Magie der Welt beschwören.

Das sieht bei der dämonischen Welt anders aus. Es scheint ihr verwehrt zu sein, sich von sich aus zu öffnen. Sie muss beschworen werden. Der Mensch muss etwas unternehmen, um das Tor zur anderen Welt aufzustoßen.

Dass das funktioniert, zeigt das Beispiel von C. G. Jung (wie wir noch zeigen werden), aber auch unzählige Variationen von meditativen Praktiken, die besonders im Bereich des Buddhismus und Hinduismus hoch entwickelt sind.

Wie die Engel haben auch die Dämonen ihre Rangordnung und ihre Gliederung. Der Apostel Paulus unterscheidet bei den Dämonen »Fürsten und Gewaltige, die Herren der Welt, die in der Finsternis dieser Welt herrschen, die bösen Geister unter dem Himmel« (Eph 6,12).

Die Bibel sagt uns, dass alle Dämonen böse sind und deshalb dem Reich der Finsternis angehören. Aber trotzdem gibt es Unterschiede in ihrer Boshaftigkeit, wie uns Jesus in dieser Bibelstelle verrät: »Wenn der unreine Geist von dem Menschen ausgefahren ist, so durchzieht er wasserlose Gegenden und sucht Ruhe. Und da er sie nicht findet, spricht er: Ich will zurückkehren in mein Haus, aus dem ich weggegangen bin. Und wenn er kommt, findet er es gesäubert und geschmückt. Dann geht er hin und nimmt sieben andere Geister mit sich, die bösartiger sind als er selbst, und sie ziehen ein und wohnen dort, und es wird der letzte Zustand dieses Menschen schlimmer als der erste« (Lk 11,24-26).

Von einer Hierarchie des jenseitigen Reiches sprechen auch viele Medien, die vermeintlich bis dorthin vorgedrungen sind. Emanuel Swedenborg, der Begründer des modernen Okkultismus, berichtet davon, dass, je höher eine Wesenheit in dieser Rangordnung steht, sie sich desto zarter und sanfter präsentiert.

Das deckt sich mit vielen Beschreibungen von mystischen Versenkungen, bei denen angeblich ein sanfter, zarter Gott dem Menschen gegenübertritt.

Interessant in diesem Zusammenhang ist noch, dass das Neue Testament, wenn das Reich der Finsternis mit seinen Dämonen auf den Plan tritt, das griechische Wort für »sich verstellen« benutzt, »eine andere Gestalt annehmen«, »sich mit einem anderen identifizieren«.

Kein Kontakt mit dem Reich des »Engels des Lichts«!

Und dass der Teufel selbst sich als eine Art Gott präsentieren kann und deshalb von Mystikern nicht als hinterlistiger Täuscher erkannt wird, darüber informiert Gottes Wort klipp und klar: »Und das ist auch kein Wunder, denn er selbst, der Satan, verstellt sich als ein Engel des Lichts« (2Kor 11,14).

Deshalb warnt Gottes Wort auch immer wieder dringend davor, mit dem Bereich dieses Täuschers und seiner Betrüger-Vasallen in Verbindung zu treten und sich von dort Informationen zu holen.

Alex Omenzetter schreibt in seiner schon 1967 in zehntausendfacher Auflage erschienenen Schrift »Alarm um die evangelische Gemeinde der Reformation«: »Gerade im Seelengrund entfaltet die Dämonie ganz besonders ihre Wirksamkeit. Die menschliche Seele ist für satanisch-dämonische Inspiration und Infiltration besonders empfänglich. Ein Beweis sind die vielen leiblichen und geistigen Erkrankungen, die im Seelengrund ihre Ursache haben … der sich der Mystik hingebende Mensch verliert den

Blick für die göttliche Wirklichkeit, für alles Wahre, das durch den Heiligen Geist gewirkt wird. Er führt ein (seelisches) Eigenleben und hört auf, ein Segen zu sein. Der spekulativ-mystisch Veranlagte hält sein aus der eigenen Seele geschöpftes Erleben für ›Weisheit von oben‹, für ›göttliche Inspiration‹. ... Da es aber eine über das Wort Gottes hinausgehende tiefere Erkenntnis nicht gibt, ... muss alles spekulativ-mystische Erleben seelischen, oft sogar dämonischen Ursprungs sein.

In manchen christlichen Kreisen spricht man von einer ›gesunden‹ Mystik. Dazu muss man aber sagen, dass es eine gesunde Mystik ebenso wenig gibt, wie es einen gesunden Kleinmut, eine gesunde Verzagtheit, eine gesunde Angst oder einen gesunden Kleinglauben gibt. Hier verwechselt man Ursache und Wirkung! Nicht der sich der Versenkung, der Ekstase, der Meditation spekulativ hingebende Mensch erreicht die tiefe Vereinigung mit Gott und Christus, sondern der allwissende Gott hört den ehrlichen Schrei des Herzens nach Befreiung, nach Erlösung. Gott sieht das Herz auch des Mystikers an! Er neigt sich zu ihm, er überführt ihn, er vergibt ihm die Sünden und macht aus ihm ein Gefäß zu seiner Ehre ... Wenn das Glaubens- und Seelenleben des Mystikers ganz gesunden soll, muss er sich vom mystischen Geist scheiden und nicht mehr aus seinem von der Sünde anfechtbaren Seelengrund schöpfen.«[42]

Dass Omenzetter mit dieser Sicht und Bewertung des dämonisch beherrschten Seelengrundes völlig richtig liegt, dafür gibt es einen sehr prominenten Beleg: Carl Gustav Jung (1875–1961), den Schweizer Pfarrerssohn, Psychiater und Begründer der »Analytischen Psychologie«. Jung erforschte sein eigenes Selbst und versenkte sich dabei immer weiter in Bereiche des sogenannten Unbewussten. Dort stieß er auf einen Dämon namens »Philemon«, der ihm in langen Lehrgesprächen esoterisches Wissen über die

42 Alex Omenzetter, Alarm um die evangelische Gemeinde der Reformation, Lahr-Dinglingen 1967, S. 72.

dunkle Seite der Psyche vermittelte. Jung hielt seine Erfahrungen in seinem »Rotes Buch« genannten magischen Tagebuch Schritt für Schritt fest.[43]

Dass Anselm Grün, der die Bibel nach C. G. Jung deutet, eine solche Abneigung gegen den Kreuzestod Jesu als Akt der Vergebung der Sünden hat, ist vor diesem diabolischen Hintergrund verstehbar einzuordnen.

Der lange Arm der »Renovaré«-Bewegung des Richard Foster

Auch *Aufatmen*-Autor Richard J. Foster, der Begründer der *Renovaré*-Bewegung, kennt sich in diesem diabolischen Kosmos wohl recht gut aus.

Er schreibt in seinem Buch »Prayer: Finding the Heart's true Home« (»Gebet: das wahre Zuhause des Herzens finden«): »Ich will dir auch ein Wort der Warnung mitgeben. In der stillen Kontemplation über Gott begeben wir uns tief in die geistliche Welt, und dort finden wir so etwas wie übernatürliche Führung ... Obgleich die Bibel wenig über diesen Bereich aussagt, gibt es dort geistliche Wesen, und einige arbeiten definitiv nicht mit Gott und seinen Wegen zusammen ... Aber nun will ich dich lehren, wie du Gebete für deinen Schutz praktizierst.«

Gebete zum Schutz für die Begegnung mit Gott? In der Bibel steht es anders. Nach Epheser 3,12 haben wir durch den Glauben Freimut und Zugang zu Gott. Und eine Aussage aus Hebräer 4,12 ruft uns auf, durch unseren Hohenpriester Jesus Christus mit Freimütigkeit vor den »Thron der Gnade« hinzuzutreten.

Die Gemeinschaft mit Jesus Christus kann von unserer Seite aus durch Sünde getrübt werden. Das ist dann aber unsere Schuld.

43 Lexikon der Symbole, Wiesbaden 1984, S. 550.

Um dies auszuräumen, brauchen wir aber kein Gebet zum Schutz für die Begegnung mit Gott. Sondern es geht darum, die Sünde zu bekennen und sich von Jesus Christus reinigen zu lassen (1Joh 1,6-9).

Gebet zum Schutz braucht man man eher, wenn man im diabolischen Kosmos unterwegs ist. Okkultisten wissen das auch und beherzigen es in gewisser Weise. Foster scheint in diesem Kosmos wohl auch unterwegs gewesen zu sein – zumindest ist er kein Unkundiger.

Dies belegt ein Artikel, den der evangelikale US-Bestsellerautor Dave Hunt im August 2005 in seinem Informationsdienst *Berean Call* (»Beröa-Ruf«) herausbrachte. Darin beschreibt er die Ziele der *Renovaré*-Bewegung, Fosters *Renovaré*-Bibel und weitere Hintergründe, die hierzulande der breiten evangelikalen Öffentlichkeit unbekannt sind:
»Das Hauptziel der *Renovaré*-Bewegung ist, die Kirche schleichend zurück zum Okkultismus der Mystiker der frühen römisch-katholischen Kirche zu führen. Dazu sollen ›geistliche Disziplinen‹ und ›geistliche Formung‹ dienen. …

Die *Renovaré*-Bibel enthält die Apokryphen und erklärt, dass ein Großteil der Gemeinde in der ganzen Kirchengeschichte die Deuterokanonika (Apokryphen) als Schrift [also als Gottes inspiriertes Wort] akzeptiert hat … Das stimmt nicht: Keineswegs als Schrift! Auch waren diese 13 Bücher – geschrieben in der Zeit zwischen dem Propheten Maleachi und der Geburt Christi – niemals von Israel als von Gott inspiriert akzeptiert worden. In der Tat stellt 1. Makkabäer fest, dass Gott in dieser Schrift nicht durch Propheten spricht, und entschuldigt sich für seine Irrtümer (9,27 und 14,41). Offensichtlich konnte nichts Schrift sein, was während dieses Schweigens Gottes geschrieben wurde.

Aus den Apokryphen rechtfertigt die römisch-katholische Kirche das Fegefeuer, Gebete für die Toten und deren schließliche Erlösung durch ein Sühneopfer (wodurch sie die Messe rechtfertigt), Kauf der Sündenvergebung, Verehrung von Engeln, Gebete zu den ›Heiligen‹ und deren Fähigkeit, einschreiten zu können. Doch *Renovaré* beteuert: ›Die Deuterokanonika verletzen keine zentrale Lehre des christlichen Glaubens.‹

Weder Christus noch seine Apostel zitierten jemals die Apokryphen, obgleich das Alte Testament im Neuen Testament mehr als 250-mal zitiert wird. […]

Die *Renovaré*-Bibel führt etwas ein, was sie ›Geistliche Disziplinen‹ nennt, um die eigene ›geistliche Formung‹ zu unterstützen. Beide Begriffe werden in der Bibel nicht gefunden. *Renovaré* erklärt dazu, dass das Ziel dieser Studienbibel die ›Entdeckung, Belehrung und Praxis von Geistlichen Disziplinen‹ ist. […]

Es werden durchaus auch empfehlenswerte ›Geistliche Disziplinen‹ erwähnt, aber auch einige, die nicht empfehlenswert sind: ›Einsamkeit, Beichte … Meditation und Stille … Heimlichkeit, Opfer, Feier‹. Diese unschuldigen Worte haben für Foster eine spezielle Bedeutung. Seine Sicht von ›Nachfolge feiern‹ beschreibt er folgendermaßen: ›Wir aus dem New Age können es riskieren, gegen den Strom zu schwimmen. Lasst uns hemmungslos … Visionen sehen und Träume träumen … Die Vorstellungskraft kann eine Flut kreativer Ideen freisetzen [und] sehr viel Spaß machen‹ (*Celebration of Discipline*, S. 170). […]

Im Westen bedeutet Meditation, tief über etwas nachzudenken, aber im Osten bedeutet es, den Geist zu leeren, um ihn für die Geisterwelt zu öffnen, was zu mystischen ›Gottes‹-Erfahrungen führt.

Angeblich weist Foster den östlichen Mystizismus zurück, aber er sagt, ›christliche Meditation ist ein Versuch, den Geist zu leeren, um ihn zu füllen‹. Verführerisch schlägt er vor: ›Johannes war im Geist am Tag des Herrn, als er seine apokalyptische Vision empfing (Offb 1,10). Könnte es sein, dass Johannes trainiert war in einer Weise des Hörens und Sehens, die wir vergessen haben? Lasst und den Mut haben … noch einmal die althergebrachte … Kunst der Meditation zu lernen‹ (*Celebration of Discipline*, S. 14,15). Die Idee, dass Johannes eine spezielle Technik hatte, um Gottes Wort zu hören, ist eine Irrlehre der schlimmsten Art, aber ein wesentlicher Bestandteil der Werbung für ›Geistliche Disziplinen‹ und ›geistliche Formung‹ seitens *Renovaré*!

Die Anregung der Vorstellungskraft durch Fantasie und Visualisierung ist ein Hauptthema von Fosters *Celebration*. Er bestätigt, dass Agnes Sanford ihm das ›Gebet durch Vorstellungskraft‹ beibrachte. Sie machte die ›Innere Heilung‹ populär, eine Hauptquelle eines Großteils des Okkultismus in der Charismatischen Bewegung … Foster schreibt in *Celebration*: ›In Ihrer Vorstellungskraft erlauben Sie Ihrem geistlichen Körper, der voll Licht ist, ihren physischen Körper zu verlassen … Beruhigen Sie Ihren Körper, dass Sie zurückkehren werden … Reisen Sie tiefer und tiefer in das Weltall, bis da nichts ist außer der warmen Gegenwart des ewigen Schöpfers. Bleiben Sie in seiner Gegenwart. Lauschen Sie jeder gegebenen Belehrung‹ (S. 27).

Das ist astrale Projektion und okkulter Kontakt durch Vorstellungskraft, und das ist die Haupttechnik, die Schamanen verwenden, um mit ihren Führungsgeistern in Kontakt zu kommen.

Doch Foster behauptet, diese Technik führe zu Christus und Gott: ›Nehmen Sie eine einzelne Begebenheit [aus der Schrift]. Versuchen Sie die Erfahrung zu leben, erinnern Sie sich dabei an die Ermutigung von Ignatius von Loyola (Begründer der Jesuiten), alle Ihre Sinne der Aufgabe zu widmen … stellen Sie Ihre Vorstellungskraft auf das Ganze des Mysteriums ein … Sie können dem lebendigen Christus dabei begegnen, angesprochen werden durch Seine Stimme … berührt werden von Seiner heilenden Kraft … Jesus wird tatsächlich zu ihnen kommen.‹«

Wer so mit einem diabolischen Kosmos sympathisiert, beginnt früher oder später immer, die geistlichen Anker einzuholen, die allein im Worte Gottes festsitzen sollten.

»Renovaré«-Bibel kontra Bibel

So leugnet die *Renovaré*-Bibel in ihren Erläuterungen die göttliche Autorenschaft eines Großteils der Bibel. Die ersten fünf Bücher Mose (Pentateuch) seien eine Sammlung von Mythen. Im Gegensatz zur *Renovaré*-Bibel erklärt die »richtige« Bibel an vielen Stellen, dass Mose unter der Inspiration Gottes den Pentateuch schrieb: »Da sprach der HERR zu Mose: Schreibe das zum Gedenken in ein Buch … Da schrieb Mose alle Worte des HERRN nieder … Und Mose schrieb dieses Gesetz auf und gab es … allen Ältesten von Israel … Da gebot er den Leviten … Nehmt das Buch dieses Gesetzes und legt es neben die Bundeslade des HERRN, eures Gottes …« (2Mo 17,14; 24,4; 5Mo 31,9.25.26).

Auch den Propheten-Büchern Jesaja und Jeremia wird die göttliche Offenbarungs-Qualität aberkannt. Die beiden Propheten seien Dichter gewesen. Jeremia habe nur »Sinn in die Ereignisse seiner Zeit zu bringen« versucht.

Angesichts dieses theologischen und okkulten Hintergrunds von Foster fragt man sich, welche geistliche Kompetenz so ein Mann hat, um gläubigen Christen Hilfen und Ratschläge geben zu dürfen. Der Gründer der *Renovaré*-Bewegung ist nicht nur ständiger Autor bei *Aufatmen,* sondern erscheint auch in anderen Publikationen im evangelikalen Blätterwald Deutschlands.

So veröffentlichte das Mitteilungsblatt der *Deutschen Evangelischen Allianz* (DEA), *EiNS,* in Ausgabe 1/2007 einen Beitrag von Foster über das immerwährende Gebet. Darin beschreibt er eine Vier-Stufen-Versenkungstechnik, bei der man auf der letzten Stufe in der »Gegenwart Gottes« stehen könne. Als an Christus gläubig gewordene Buddhisten den *EiNS*-Artikel lasen, waren sie entsetzt.

Denn das »immerwährende Gebet« des Richard Foster ist fast identisch mit der Technik, die sie früher verwendeten, um eine buddhistisch-dämonische Erleuchtung zu erlangen.

Auf vielen offiziellen Ebenen der Evangelikalen in Deutschland scheint der biblische Grundsatz »Prüfet aber alles und das Gute behaltet« (1Thess 5,21) aufgegeben worden zu sein.

Mystik als Versuch der Rekatholisierung

Den Vogel schoss im Frühjahr 2010 mal wieder die Zeitschrift *Aufatmen* ab.[44] Sie präsentierte einen »evangelischen Rosenkranz«. Mit ihm sollen u. a. die Zehn Gebote, das Glaubensbekenntnis, das Vaterunser und das Jesus-Gebet heruntergebetet werden. Dieser evangelische Rosenkranz wurde in *Aufatmen* als Gebetshilfe verkauft, wenn einem Gläubigen einfach die Worte fehlen. Kein Wort darüber, dass der Rosenkranz zutiefst katholisch ist und seinen Ursprung in heidnischen Völkern hatte. Der Rosenkranz wurde als heiliger Gegenstand von den alten Mexikanern verwendet. Er wird von den Brahmanen Ostindiens allgemein eingesetzt und ist auch in den heiligen Büchern des Hinduismus zu finden sowie im Islam. Allein die Idee, Gebete anhand von Perlen herunterzuleiern, ist zutiefst heidnisch. Gott schaut das Herz an und nicht leere Formen und Routine.

An welchen Stellen überall die evangelikalen Dämme in Bezug auf höchst vergiftetes »geistliches Wasser« brechen, zeigt ein Beispiel aus dem Programm des Bibellesebundes, der mitverantwortlich zeichnete für das »Jahr der Stille 2010«.

In einer Ideen- und Impulsvorlage[45] für »missionarische Frauenkreise« wird kommentarlos ein Brief des katholischen Mystikers

44 Aufatmen 1/2010, S. 36.

45 »Komm zur Ruhe 29 – Ideen und Impulse für missionarische Frauenkreise«, Herausgeber: Bibellesebund e. V., Ev. Gnadauer Gemeinschaftsverband, Frauenarbeit des Bundes Freier ev. Gemeinden.

Bernhard von Clairvaux aus dem 11. Jahrhundert an Papst Gregor III. veröffentlicht. Von Clairvaux glaubte, dass der Mensch in ekstatischen Momenten, die er »raptus« nannte, »gleichförmig mit Gott« werden könne. Ebenso findet sich im Heft ein Meditationstext von Papst Johannes XXIII. Zitate von dem bereits erwähnten C. G. Jung und Jesus stehen »einfach so« nebeneinander. Was vor Jahren undenkbar erschien, lässt der Bibellesebund jetzt in diesem Ideen- und Impulsheft für die Frauenarbeit durchgehen: die Zitierung aus den Apokryphen, die nicht zum Kanon der Bibel zugelassen wurden. Aus diesen nicht von Gott inspirierten Apokryphen leitet die katholische Kirche (wie schon dargestellt) einen Großteil ihrer Lehren ab.

Vor Jahren erklärte Leo Kardinal Scheffczyk auf einem Treffen des europäischen Adels (zu dem Ulrich Skambraks als Vertreter einer konservativen Presse eingeladen wurde) in einem Vortrag, dass die katholische Kirche viel Zeit habe – wenn es sein müsse, Hunderte von Jahren –, um die »getrennten Brüder« aus anderen christlichen Kirchen wieder aufzunehmen.

Der Münchener Kardinal schrieb wenige Jahre vor seinem Tod 2005 ein Buch mit dem Titel »Ökumene – Der steile Weg zur Wahrheit«. Darin arbeitete der hoch angesehene Experte für katholische Glaubenslehre heraus, dass man sich im ökumenischen Dialog seit Jahren etwas vormache. Man habe immer im Hinterkopf gehabt, dass man im Grundsatz ja längst einig sei. Doch dies sei nicht der Fall. Weil man aber der Wahrheit nicht auf den Grund gegangen sei, seien ökumenische Scheinlösungen entstanden. Denkende Gläubige würden nicht verstehen können, wieso völlig widersprüchliche Gegensätze auf der Plattform der »Einheit in Vielfalt« sich plötzlich ergänzen können, analysiert Scheffczyk messerscharf.

Die große Ökumene von gleichberechtigten Partnern wird es aus katholischer Sicht nie geben. Aber an dem Weg »zurück nach Rom« wird beharrlich gearbeitet. Dass »Rom« nur darauf warten muss, bis die ausgedörrten protestantischen Früchtchen von selbst in seinen Korb fallen, zeigt auch die Spezialausgabe des Buches »Stille – Dem begegnen, der alle Sehnsucht stillt« von Elke Werner und Klaus-Günter Pache.

Elke Werner ist Mitbegründerin und Mitleiterin des Christus-Treffs in Marburg. Als Ehefrau des bekannten Evangelikalen Roland Werner leitet sie u. a. das Internationale Netzwerk für Frauen in der Lausanner Bewegung. Klaus-Günter Pache ist seit über 30 Jahren Pastor der Paulus-Gemeinde in Bremen, im Vorstand der Bremischen Allianz und auch im Kuratorium des Willow-Creek-Netzwerkes Deutschland aktiv.

Das Buch »Stille – Dem begegnen, der alle Sehnsucht stillt« gibt es in zwei Versionen: eine Normalausgabe für den Buchhandel und dann eine Spezialausgabe nur für die »Kirche mit Vision Projektgesellschaft mbH« in Frankfurt. Gesteuert wird diese Projektgesellschaft von der Saddleback-Gemeinde des weltberühmten baptistischen US-Pastors Rick Warren. Warren wurde vor allem durch seine Bücher »Leben mit Vision« und »Kirche mit Vision« weltbekannt. Die deutsche Projektgesellschaft hat die Aufgabe, mit »Kampagnen« »Gemeinden zu dienen«. Dazu werden Materialien der Saddleback-Gemeinde übersetzt und deutschen Gemeinden gegen Gebühr angeboten. »Saddleback« selbst bekommt nach eigenen Angaben dafür keine Tantiemen.

Die derzeitige Kampagne heißt »Stille – 40 Tage Gott erleben« und soll in den Gemeinden eine »Kultur der Stille« entwickeln.

Dazu wurde das Buch von Elke Werner und Klaus-Günter Pache, das im Verlag SCM R. Brockhaus erschienen ist, um eine »Kleingruppen-Einheit« erweitert. Verfasst hat diesen Teil des Buches die Diplom-Psychologin und Personaltrainerin Mirjam Puppe. Puppe gehört zur Gemeinde von Klaus-Günter Pache und ist dort ehrenamtliche Mitarbeiterin im Bereich Kleingruppen und Hauskreise.

Was Puppe in ihrem Teil den Kleingruppen empfiehlt, passt nun inhaltlich voll zum Programm von Fosters *Renovaré*-Bewegung. Dabei präsentiert die Diplom-Psychologin neben dem Herzensgebet auch Anleitungen zu einer Visualisierungs-Sitzung, in der man mit Jesus auf den »Berg der Verklärung« (Mt 17) gehen soll. Anstatt der Namen der Jünger, die Jesus damals mitnahm, sollen die Gruppenteilnehmer der Visualisierung ihre Namen einsetzen. Auf dem Berg mit »Jesus« angekommen, empfiehlt Puppe, sich folgendermaßen zu verhalten: »Wie sehen Sie Jesus an? Wie sieht er Sie an? Was fühlen Sie dabei? … … … Sie steigen nun mit Jesus langsam wieder den Berg hinab. Auf dem Rückweg kommen Sie innerlich mit ihm über das Erlebte ins Gespräch. Sie dürfen ihm alles sagen, ihn alles fragen: Jesus, das bewegt mich … Warum hast Du gerade mich mitgenommen? … … Jesus, ich hatte Angst, als Gott direkt zu uns sprach …«[46]

Diese Visualisierungs-Technik, die Puppe hier vorstellt, ist eine der wirksamsten Okkult-Techniken auf dieser Welt, um mit einer dunklen Anderswelt in Kontakt zu kommen. Ob das die studierte Diplom-Psychologin Puppe nicht weiß?

Dave Hunt, einer der besten Kenner der Visualisierung und heftigsten Kritker aus christlicher Sicht, schreibt dazu:
»In der Visualisierung konvergieren [laufen zu einem Ziel zusammen] fernöstlicher Mystizismus und Schamanismus im Zentrum der okkulten Welt. Das ist der Kern allen Mystizismus, ob er nun von Yogis oder von römisch-katholischen ›Heiligen‹ praktiziert wird. Es ist das Herzstück der spirituellen Übungen des Ignatius von Loyala, dem Gründer der Jesuiten. Trotzdem wird sie von Hunderten christlicher Psychologen und sogar führenden Evangelikalen angewendet. … Richard Foster befürwortet die Visualisierung von ›Jesus‹ ebenso wie David Seamands, H. Norman Wright und andere christliche Psychologen.«[47]

46 Kampagnen-Buch »Stille – 40 Tage Gott erleben«, S. 220.
47 Dave Hunt, Die Okkulte Invasion – Die unterschwellige Verführung von Welt und Christenheit, Bielefeld 1999, S. 475.

Angesichts dieses Hintergrunds der Visualisierung verwundert es nicht, dass Mirjam Puppe auch die »geistlichen Übungen« des Ignatius von Loyola in ihren Impulsen für die Kleingruppenarbeit positiv hervorhebt. Der Protestanten-Hasser Ignatius von Loyola wird in etlichen Publikationen zum »Jahr der Stille 2010« positiv in Szene gesetzt und als Vorbild für geistliches Leben dargestellt. Beispielsweise auch in dem Buch »Hörst du sein leises Flüstern? – Inseln der Stille finden« von der Amerikanerin Tricia McCary Rhodes. Dieses Buch brachte der Verlag *R. Brockhaus* heraus, der zur *Stiftung Christliche Medien* gehört.

Neuer evangelikaler Mystik-Star: Ignatius von Loyola

McCary Rhodes empfiehlt in ihrem Buch zum »Jahr der Stille 2010« das »erforschende Gebet« des Ignatius von Loyola (1491–1556). Von Loyola war der Begründer des Jesuiten-Ordens und erhielt alle entscheidenden Weisungen durch übernatürliche Eingebungen und Visionen. Das religiöse Leben dieses Schwarmgeistes begann, als ihm die heilige Jungfrau Maria mit dem Jesusknaben auf dem Arm erschien.

Als Zeitgenosse Luthers engagierte er sich stark in der Gegenreformation und bezeichnete sich selbst als »Antiluther«. So gelang es ihm beispielsweise, Österreich, das damals zu 94 Prozent protestantisch war, für den katholischen Glauben brutal zurückzuerobern.

Sein Hauptwirken bestand allerdings darin, Übungen, »Exerzitien«, zu entwerfen, um die Mystik praktisch anwendbar zu machen. Rudi Holzhauer schreibt in seinem Buch »Verführungsprinzipien« dazu: »So erweist sich Ignatius als genialer Methodiker. Der Stoff der Übung stammt größtenteils aus der Mystik. Das Neue ist, dass hier Mystik exerziert und einem bestimmten Zwecke dienstbar gemacht wird. Der Mystiker sucht in seinen Übungen die Vereinigung der Seele mit Gott. Seine Haltung und sein Ziel sind rein religiös. Die Übungen des Ignatius sollen das

›sentire cum ecclesia‹ erreichen, das völlige Opfer des Willens und des Verstandes zugunsten der kirchlichen Disziplin und Lehre.«[48]

Dass in einem evangelikalen Buch und auch an mehreren Stellen im Ideenheft zum »Jahr der Stille 2010« ein solcher Protestantenhasser und -verfolger unkritisch empfohlen wird, ist schon ein Skandal für sich. Vielleicht sollte man den Sympathieträgern Roms und ökumenischen Brückenbauern die Worte des englischen Predigers Martyn Lloyd-Jones in Erinnerung rufen: »Ihr, die ihr euch freut über diese Annäherungen an Rom, lasst mich euch feierlich warnen. Ihr verachtet das Blut der Märtyrer.«[49]

Das Ja-und-nein-Prinzip als Vermischungs-Elixier

Es ist nicht von ungefähr, dass der Mystizimus über die katholische Mönchsbewegung und die katholischen Mystiker am Leben gehalten wird und immer wieder neu aufblüht. Es hat etwas mit dem Herzstück des Katholizimus zu tun: mit dem Ja-und-nein-Prinzip.

So sagt beispielsweise »Rom« »ja« zum Erlösungswerk Jesu Christi, aber »nein« zum biblischen Weg, wie ein Mensch daran teilhaben kann. Nach katholischer Lehre ist der ein Christ, der als Kind (oder Erwachsener) katholisch getauft ist und in der Kirche lebt. Dieser Tauf-Wiedergeburts-Gedanke ist der Bibel fremd.

Zum Wort Gottes hat die katholische Kirche ein »Ja«, aber auch ein »Nein«, indem sie neben die Heilige Schrift gleichwertig die Tradition und das Lehramt stellt.

Dieses Ja-und-nein-Prinzip durchzieht den gesamten Katholizismus und findet sich im mystischen Flügel wieder.

---

48 Rudi Holzhauer, Verführungsprinzipen, Wuppertal 2000, S. 135.
49 Aus »The Westminster Record«, Mai 1963.

Im Atemgebet z. B. peilt man mittels Mantra-Technik einen diabolischen Kosmos an, empfiehlt aber gleichzeitig in der Literatur dazu, das Wort Gottes auch dazu zu lesen. Doch genau dort findet man ein Verbot, sich mit diesem Kosmos einzulassen.

Die Bibel erklärt diesem Ja-und-nein-Prinzip – dieser Vermischung – eine klare Absage. Im 2. Korinther-Brief führt Paulus im 1. Kapitel aus, dass es dieses Ja-und-nein-Prinzip bei Christus nicht gibt, sondern nur das Entweder-ja-oder-nein-Prinzip.

»Habe ich nun, indem ich mir dieses vornahm, etwa leichtfertig gehandelt? Oder, was ich mir vornehme, nehme ich mir das nach dem Fleisch vor, damit bei mir das Ja ja und das Nein nein gleichzeitig wären? Gott aber ist treu und bürgt dafür, dass unser Wort an euch nicht Ja und Nein zugleich ist. Denn der Sohn Gottes, Christus Jesus, der unter euch durch uns gepredigt worden ist, durch mich und Silvanus und Timotheus, war nicht Ja und Nein, sondern in ihm ist ein Ja geschehen. Denn so viele Verheißungen Gottes es gibt, in ihm ist das Ja, deshalb auch das Amen, Gott zur Ehre durch uns« (Verse 17-20).

Wer das Ja-und-nein-Prinzip verstanden hat, wird manche Verführung aus dem Kosmos in den Reihen der Christen schneller dingfest machen. Nach der Bibel verdirbt ein wenig Sauerteig den ganzen Teig und sollte sofort entfernt werden (1Kor 5,6-7).

Aber genau das geschah in der Vorbereitung für das »Jahr der Stille 2010« nicht. Man ließ eine gehörige Portion geistlich gefährlichen Sauerteiges einfach drin.

Die beiden ehemaligen Buddhisten und Esoteriker Martin und Elke Kamphuis beschreiben in ihrem Februar-Freundesbrief 2010 eine Begebenheit auf einem historischen Weihnachtsmarkt in Bad Wimpfen, bei dem sie plötzlich neben Weihnachtssternen eine Buddha-Figur entdeckten: »Dies ist zwar inzwischen auf anderen Weihnachtsmärkten gang und gäbe, hier hatten wir es jedoch nicht erwartet. Ähnlich geht es uns mit den Angeboten zum ›Jahr der Stille‹. Wir wünschen uns, bewusster mit Gott zu leben, und es ist gut, sich zu besinnen. Jedoch finden wir in dem Ideenheft neben praktischen und guten Anregungen manche irritierende Übung, von denen uns mehrere an unsere Zeit als Buddhisten und Esoteriker erinnen. So z. B. Folgendes: ›Stille werden im Leib … in der Seele … im Geist. Nichts tun, nichts wollen, nichts denken, einfach nur da sein, ganz da sein im Augenblick, ausruhen in der bergenden Gegenwart Gottes, wie ein leeres Gefäß sein, sich Gott hinhalten.‹ Buddhisten streben nach dem Zustand der Leerheit, alles Wollen aufzugeben und ein leeres Gefäß zu werden, im Zustand der Erleuchtung aufzugehen. Gott [der Gott der Bibel] dagegen möchte unser bewusstes Wollen nach ihm und kein leeres passives Geschöpf.

Zu unserem damaligen Denken gehörte auch die Annahme, durch Meditation in unserer Mitte anzukommen. Die Mitte sei der Ort unseres ›göttlichen‹ Kerns. Nun lesen wir in einem Artikel [im Ideenheft]: ›Der Weg in meine Mitte ist ein Weg in die Tiefe meines Wesens, an den Ort, wo Gott schon auf mich wartet, mich empfängt und in seine Arme nimmt. In der wortlosen Begegnung mit ihm lerne ich verstehen und mit dem Herzen zu sehen.‹ Vielleicht sind wir (Martin und Elke) besonders schlimme Sünder. Wir glauben nämlich, wenn Gott uns in der Tiefe unseres Wesens begegnet, werden wir einen enormen Schrecken bekommen.«

Man könnte viele weitere Beispiele für diese Vermischung nach dem Ja-und-nein-Prinzip anführen, und immer wieder sind es katholische Mystiker, die hier genannt werden müssen – zum Beispiel Henri Nouwen.

Wie Henri Nouwen und Thomas Merton das Christentum veränderten

Er war römisch-katholischer Priester und einer der einflussreichsten christlich-spirituellen Autoren des 20. Jahrhunderts. Pater Anselm Grün bezeichnet ihn als sein Vorbild.

Der Holländer starb 1996 an einem Herzinfarkt. Dennoch wird sein literarisches Werk – über 40 Bücher – immer wieder verwertet, so auch im Sonderheft zum »Jahr der Stille 2010« der Zeitschrift *Aufatmen*. Diese Sondernummer erlebte eine sensationelle Auflage von über 250 000 Exemplaren.

Doch wer war dieser Nouwen? Nouwen wurde stark geprägt von dem Trappistenmönch Thomas Merton.

In Michael O'Laughlins Biografie über Nouwen mit dem Titel »God's Beloved« (»Gottes Geliebter«) schreibt der Autor: »Eine Reihe von neuen Auffassungen begannen sich in Nouwens Denken zu zeigen, als er Thomas Merton entdeckte. Merton eröffnete Nouwen seinen verführerischen Blick in die Welt der Kontemplation und einen neuen Weg, nicht nur Gott, sondern auch die Welt mit neuen Augen zu sehen … Wann immer es eine Zeit gegeben hat, in der Henri Nouwen den Wunsch hatte, den spirituellen Meistern zu folgen oder sich einem höheren geistigen Pfad zu widmen, dann war es jene Zeit, in der er vom Mönchtum der Zisterzienser und den Schriften von Thomas Merton verzaubert wurde.«[50]

Nouwen selbst sagte später, Merton sei der Mann gewesen, der ihn am meisten inspiriert habe. Zu welchem letztlichen Ergebnis diese Inspiration führte, zeigt sich in folgender Aussage Nouwens in seinem Buch »Sabbatical Journey«: »Heute glaube ich, obwohl Jesus kam, um die Tür zu Gottes Haus zu öffnen, dass alle Menschen durch diese Tür gehen können, ob sie Jesus kennen oder

50 Michael O'Laughlin, God's Beloved, Maryknoll NY 2004, S. 178.

nicht. Heute sehe ich es als meine Berufung, jeder Person zu helfen, ihren eigenen Weg zu Gott in Anspruch zu nehmen.«

Wer aber ist nun dieser Merton, der den einflussreichsten christlich-spirituellen Autor des 20. Jahrhunderts auf einen mystischen Weg brachte? Der Trappistenmönch Merton ließ sich von dem drogenabhängigen Mystiker und berühmten Romanautor Aldous Huxley in die Mystik einführen. Der Mann, der Huxley mit der Droge in Verbindung brachte, war Aleister Crowley, einer der bedeutendsten Satanisten des 20. Jahrhunderts.

Seine mystische Reise führte Merton dann in die Arme des Buddhismus und zu dem Glauben, Gott sei in allen Dingen. Ein Zen-Meister lehrte Merton – ähnlich wie bei Pater Anselm Grün –, in die tiefen Schichten seines Bewusstsein einzudringen und dort mystische/kosmische Erlebnisse zu haben.

Mertons Bemühungen, ein Mystiker zu werden, führten ihn auch zu einem hinduistischen Swami, der sein Meister wurde. Der westliche Mönch nannte ihn Dr. Brahmachari. Dieser Inder sollte eine entscheidende Rolle in Mertons Leben einnehmen. Nouwen schreibt über Merton: »Auf diese Weise wurde er [Merton] entscheidend beeinflusst, indem dieser hinduistische Mönch ihm den Weg zur christlichen Mystik wies … Es war offensichtlich Vorhersehung, dass dieser hinduistische Mönch Mertons jugendliche Neugier für östliche Religionen wieder anfachte und ihn dadurch für den Reichtum des westlichen Mystizismus sensibel machte.«[51]

Peter Zimmerling und Reinhard Deichgräber empfehlen Mystiker

Angesichts der Tatsache, dass ein mystisches Gift schnelle und weitreichende Wirkungen und Folgen nach sich ziehen kann

51 Henri J. M. Nouwen, Thomas Merton: Contemplative Critic, San Francisco, CA, USA, 1991, S. 29.

– und das Beispiel von Merton belegt dies –, sind Aussagen wie die von Professor Dr. Peter Zimmerling höchst gefährlich.

Im Februar 2004 fragte die evangelikale Zeitschrift *ideaSpektrum*: »Ist fernöstliche Meditation mit der Bibel vereinbar?« Der evangelische Theologe Zimmerling antwortete in einem »Pro«-Beitrag u. a. so: »Weil es in der evangelischen Tradition kaum noch Meditationsformen gab, kam es seit den 70er-Jahren des vergangenen Jahrhunderts zur Übernahme von Meditationsformen aus fernöstlichen Religionen. Dagegen ist nichts einzuwenden, wenn neben den Chancen auch die Grenzen der Integration beachtet werden. … Körperhaltung und Konzentration der Atmung sind wesentliche Voraussetzungen gelingender Meditation. An dieser Stelle kann die evangelische Spiritualität Entscheidendes von der Meditationspraxis der fernöstlichen Religionen lernen. Auch das Ziel der Gedankenstille stammt von dort.«[52]

Zimmerling ist Professor für Praktische Theologie in Leipzig und Vorsitzender der *Gesellschaft der Freunde christlicher Mystik e. V.* mit Sitz in Karlsruhe. Aufgabe des Vereins ist es, »die reichen Traditionen christlicher Spiritualität und Mystik einer breiteren Öffentlichkeit bekannt und somit für ein gegenwärtiges Christentum fruchtbar zu machen«.[53]

Von daher war Zimmerling geradezu prädestiniert, auch einen Beitrag zum »Jahr der Stille 2010« zu liefern. Einen mit einmaligen Fotos prächtig gestalteten Bildband[54] garnierte Zimmerling mit Texten von »spirituellen Lehrerinnen und Lehrern aus dem Protestantismus« – darunter etliche Mystiker oder mystisch »Angehauchte« wie Bernhard von Clairvaux, Meister Eckhart, Gerhard Tersteegen, Friso Melzer, Henri Nouwen (obwohl er ein Katholik war), Richard Foster sowie Texte der Wüstenväter.

52 ideaSpektrum 9/04, S. 19.
53 www.gfcm.de/ueberuns.html.
54 Peter Zimmerling (Hrsg.), Meine Seele ist still in mir, SCM Collection Witten.

Auf einer ähnlichen Schiene bewegt sich ein Buch von Dr. Reinhard Deichgräber, der viele Jahre als Dozent am Missionsseminar in Hermannsburg tätig war. Er kreierte ein Wochenandachtsbuch für ein ganzes Jahr mit Gebeten, Vorschlägen zum Bibelstudium und etlichen Texten von Mystikern. Darunter sind u. a. Franz von Sales, Thomas von Kempen, Meister Eckhart, der »russische Pilger« (Herzensgebet) und die Wüstenväter. Mit dabei ist auch Mechthild von Magdeburg (1212–1294), die Jesus gesehen und Gespräche mit dem Teufel und Gott geführt haben will und diese Gespräche aufzeichnete.

Nicht alle in den beiden Büchern angeführten Mystiker sind mit einer Mechthild von Magdeburg zu vergleichen. Liest man ihre Texte, so spürt man einigen von ihnen ein echtes Ringen um den wahren Glauben ab, der Gott wohlgefällig sein will. Auch findet man Warnungen wie die eines Meisters Eckhart, über die Mystiker von heute, wie etwa Richard Foster, durchaus einmal meditieren dürften: »Ferner hindern sich gute geistliche Leute an der rechten Vollkommenheit, indem sie mit ihres Geistes Begierde haften bleiben am Bilde der *Menschheit unseres Herren Jesu Christi*. Und auch damit versperren gute Leute sich den Weg, dass sie sich zu viel *Visionen* überlassen, wobei sie gewisse Dinge bildhaft in ihrem Geiste sehen – seien es nun Menschen oder Engel oder unseres Herrn Jesu Christi menschliche Gestalt – und der Ansprache glauben, die sie da an ihrem Geiste vernehmen, wenn sie etwa hören, dass sie Gottes Lieblinge seien oder was für Gebrechen und Tugenden ein anderer habe oder dass Gott um ihretwillen etwas Besonderes tun wolle. Damit werden sie gar oft betrogen!«[55]

In dem *ideaSpektrum*-Beitrag »Ist fernöstliche Meditation mit der Bibel vereinbar?« postulierte Professor Zimmerling, »evangelische Spiritualität« könne »Entscheidendes von der Meditationspraxis der fernöstlichen Religionen lernen«. Wie »fruchtbar« diese Art

55 Wolf Brixner, Die Mystiker – Leben und Werk, Augsburg 1996, S. 275.

von Mystik für den protestantischen Glauben ist, zeigt die Entwicklung in den USA:

Östliche Meditation formt den christlichen Glauben um

In einem Artikel mit dem Titel »Östliche Meditation und Christentum« schreibt Professor Johan Malan, Sohn eines Südafrika-Missionars und 28 Jahre Professor für Anthropologie (Wissenschaft vom Menschen) an der südafrikanischen Universität von Limpopo:

»Die östliche Meditation gewinnt unter weiten Teilen der Namenschristen im Westen einen immer größeren Einfluss. In vielen christlichen Kirchen, Gemeinden und Gruppierungen wird das Gebet zunehmend durch Meditation ersetzt – was man auch als Kontemplation, Gebet der Sammlung oder Stillegebet bezeichnet. Meditation wird oft von Yoga-Übungen oder entspannenden Atemübungen begleitet, um eine mentale Entspannung herbeizuführen.«[56]

Mag das der Grund sein, dass nach einer neueren Umfrage in den USA schon 84 Prozent der Befragten – darunter viele Evangelikale – meinen, Gott sei in allen Dingen? Somit mit dem Pantheismus sympathisieren, der ganz wesentlich durch fernöstliche Glaubensvorstellungen geprägt ist? Merton lässt grüßen. Sein Fazit aus der Reise in die fernöstliche Spiritualität: »Wahre Stille ist die Teilhabe an der Zurückgezogenheit Gottes, der in allen Dingen wohnt.«[57]

Der schon erwähnte Ray Yungen schreibt in seinem Buch »A Time of Departing« (»Eine Zeit des Weggehens«) in Bezug auf Mertons Begegnung mit dem Hindu-Meister: »Warum sollte ein hinduisti-

56 Prof. Johan Malan, *Eastern Meditation Sneaks into the Church*, http://www.facebook.com/topic.php?uid=60107103810&topic=11814.

57 Henri J. M. Nouwen, Thomas Merton: Contemplative Critic, San Francisco, CA, USA, 1991, S. 46, 71.

scher Mönch ein Befürworter der christlich-mystischen Tradition sein? Die Antwort ist einfach: Sie sind ein und dasselbe. Obgleich sich die Worte unterscheiden, die man ständig wiederholt (christliche Worte wie ›Abba‹, ›Vater‹ usw. anstelle von hinduistischen Worten), das Resultat ist am Ende das Gleiche. Und der hinduistische Mönch wusste, dass dies sich so verhielt. Brahmachari wusste, dass Merton nicht zum Hinduismus übertreten musste, um die gleiche Erleuchtung zu erlangen, die er selbst durch die mystische Tradition des Hinduismus erfahren hatte. Im Grunde bestätigte Brahmachari, was ich klarmachen will, nämlich dass alle mystischen Traditionen dieser Welt im Grunde aus der gleichen Quelle gespeist werden und die gleichen Vorstellungen lehren … und diese Quelle ist nicht der Gott des Alten und Neuen Testamentes. Der Gott der Bibel ist kein interreligiöser Gott! Das evangelikale Christentum wird derzeit umworben, vielleicht sogar katapultiert in den Weg, Gott mit diesen neuen Augen des kontemplativen Gebetes zu sehen.«[58]

Der katholische Theologe Karl Rahner prognostizierte schon 1966 eine Kirche der Zukunft, die entweder mystisch werde oder gar nicht mehr sein werde. Vieles deutet darauf hin, dass diese Entwicklung zu einer weltumspannenden, mystischen Kirche derzeit einen kräftigen Schub bekommt – auch im Bereich der Evangelikalen.

58 Lighthouse Newsletter vom 02.11.2009.

Trügerische Stille …
Anmerkungen zur Ursachenforschung[59]

Wolfgang Nestvogel

Man stelle sich vor: Ein »normaler Evangelikaler« aus dem Jahr (sagen wir) 1976, treues Mitglied einer Landeskirchlichen Gemeinschaft oder freien Gemeinde, regelmäßiger Teilnehmer an Veranstaltungen der Evangelischen Allianz, fällt plötzlich in ein Koma. Er bekommt nicht mit, was sich in den folgenden Jahrzehnten innerhalb der christlichen Szene in Deutschland verändert. Im Jahr 2010 wacht er wieder auf, besucht wie in früheren Jahren den Gottesdienst seiner Gemeinde, erfährt von aktuellen Angeboten der jetzigen Evangelischen Allianz, erhält Einladungen zu Kongressen von *Willow Creek* und *Emerging Church*, bekommt ein Abonnement der Zeitschrift *Aufatmen* und hört begeisterte Vorberichte von den geplanten Aktionen zum *Jahr der Stille*. Ich wage zu behaupten: Dieser Mensch findet sich nicht mehr zurecht.

Er fragt sich, was das für ein neuer Glaube ist, der ihm in seinen vormals vertrauten Kreisen plötzlich begegnet. Er erinnert sich an die alten Vorträge über New-Age-Spiritualität, die er in seiner Jugendgruppe selbst gehalten hatte. Jetzt werden diese Inhalte, vor denen damals die Christen einmütig gewarnt hatten, von Vertrauenspersonen der evangelikalen Szene propagiert. Auch der *Gnadauer Gemeinschaftsverband* macht mit beim *Jahr der Stille*, genauso wie der Chef des *Evangeliums-Rundfunks* (heute *ERF Medien e. V.*). Der Name des Journalisten ist ihm noch bekannt – richtig, der leitete schon in den 1970er-Jahren die »junge welle«, ein missionarisch-mutiges Jugendmagazin. Der Mann ist theologisch kaum wiederzuerkennen und hat neulich sogar in einer

59 Weitere Informationen und einige der in den Fußnoten zitierten Aufsätze sind zugänglich über die Homepage des Verfassers: www.wolfgang-nestvogel.de.

Fernsehdiskussion betont, er glaube gar nicht, dass Gott die Welt in sechs Tagen erschaffen habe.

Unser Erwachter kann sich nur noch wundern, auch darüber, dass katholische Priester und Mystiker wie Anselm Grün nicht mehr als Vertreter einer falschen Lehre, sondern als Ratgeber für geistliches Leben empfohlen werden. »Was ist hier los?«, fragt er sich. »Ist das alles nur ein Missverständnis, habe ich Halluzinationen als Spätfolge des Komas … oder bin ich wirklich in einer völlig veränderten (evangelikalen) Welt aufgewacht?«

Erschrecken oder Gewöhnung

Unser fiktiver Koma-Patient erinnert an den Frosch aus dem berühmten Temperatur-Experiment. Von einem Moment auf den anderen wird er aus einem ihm vertrauten Milieu in eine Schale mit kochendem Wasser hineingeworfen – und springt voller Schrecken sofort wieder heraus. Der krasse Gegensatz lässt ihn die Veränderung sogleich und schmerzhaft bemerken. Wie viele nicht-fiktive Evangelikale gleichen dagegen dem anderen Frosch aus dem parallel durchgeführten Versuch. Die Wassertemperatur in dessen Schale wird nur ganz langsam erhöht, sukzessive über einen langen Zeitraum hinweg. Der Frosch registriert die schleichende Veränderung kaum, er bleibt in seinem Milieu sitzen, er lässt alles mit sich geschehen, er wehrt sich nicht und flüchtet nicht …, bis er schließlich in einer überhitzten Schale ohne Aufregung und Gegenwehr stirbt.

Die religiösen und geistigen Inhalte, die den Christen mit dem *Jahr der Stille* zugemutet werden, haben längst, um im Bild zu bleiben, den theologischen »Siedepunkt« überschritten. Die in diesem Buch dargelegten Fakten belegen das leider eindeutig. Dennoch reagieren gestandene Christen und früher bewährte Glaubenswerke nicht mit erschrockener Gegenwehr. Sie fragen nicht: »Was haben wir falsch gemacht, was haben wir versäumt, dass in unserem Milieu eine solch tödliche theologische Temperatur entstehen konnte?« Sie wehren sich nicht und flüchten nicht. Sie lassen diese spirituellen Hochtemperaturen nicht nur geduldig über sich ergehen, sondern heißen sie fröhlich willkommen, schüren sie selbst mit und laden andere dazu ein, sich ebenfalls in diesem Milieu heimisch einzurichten.

Nicht vom Himmel gefallen

Die in unserem Buch dargestellten unbiblischen Lehren und Praktiken gebärden sich so dreist und plump, dass es keiner besonders ausgeprägten Begabung der Unterscheidung bedürfte, um sie als das zu erkennen, was sie sind: Häresien, seelengefährdende Verirrungen. In jenem Jahr, als unser vermeintlicher Patient ins Koma fiel, hätte das durchschnittliche bibellesende Gemeindeglied auf den ersten Blick geurteilt, dass die speziellen Angebote des *Jahres der Stille* für einen Christen nicht akzeptabel, sondern glaubensschädigend sind. Seitdem ist viel geschehen, das zu einer sukzessiven Klimaveränderung in weiten Teilen des Evangelikalismus beigetragen hat.

Das *Jahr der Stille* ist nur ein Symptom. Es ist nicht vom Himmel gefallen, sondern die Frucht einer langsam voranschreitenden Zerstörung christlicher Fundamente. Dass wenige Vorreiter fragwürdige Projekte ersinnen, ist weder aufregend noch außergewöhnlich. Dass aber eine breite Koalition von Glaubenswerken und Meinungsbildnern, die sich als evangelikal verstanden oder noch verstehen, dem mystischen Zug der Lemminge folgt, kann nur als Ergebnis eines nachhaltigen Unterwanderungsprozesses verstanden werden.

Wer sich an lebensrettenden Maßnahmen beteiligen will, kommt nicht umhin, die Ursachen des geistlichen Temperaturwandels zu untersuchen. Die in diesem Rahmen gebotene Kürze erfordert den Mut zum Holzschnitt. Dabei soll es nicht bleiben. Unser Kapitel möchte Problemfelder skizzieren, die wir in den nächsten Jahren gründlich bearbeiten, verstehen und bewältigen müssen, wenn die kommenden Generationen vor jenen zerstörenden Entwicklungen geschützt werden sollen, die dieses *Jahr der Stille* erst möglich gemacht haben.

1. Der verlorene Kompass

Es ist keine deutsche Spezialität, sondern wir teilen eine Not, welche die gesamte westliche Christenheit in den letzten Jahrzehnten erschüttert hat: Die Bedeutung von verbindlicher Lehre wurde zunehmend infrage gestellt. Dass Wahrheit unveränderlich gilt und objektiv gültig formuliert werden kann, halten immer weniger Menschen für möglich. Genau darauf aber gründen die Gewissheit und die Identität der Jünger Jesu Christi. Wir haben einen unfehlbaren Kompass, an dem wir uns vertrauensvoll orientieren können und müssen. Die Bibel offenbart in eindeutiger Sprache ewig gültige, propositionale (in Begriffe zu fassende) Wahrheit, die für alle Menschen zu allen Zeiten in gleicher Weise verbindlich ist.[60] Darum fordert der Judasbrief die Christen auf, »für den Glauben (meint hier: Glaubensinhalt) zu kämpfen, der ein für alle Mal den Heiligen überliefert worden ist« (Jud 3). Die Bibel ist vollständig und vollendet (2Tim 3,16), sie behält ihre Gültigkeit (vgl. Mt 24,35) und bedarf keiner Veränderung oder Ergänzung (vgl. Offb 22,18f.).

Diese Überzeugung hatte die meisten Evangelikalen vor der »Komazeit« miteinander verbunden. Auch wenn man sich in einigen Auslegungsfragen nicht einigen konnte und etwa unterschiedliche Positionen zur Taufe miteinander ertragen musste, stimmte man grundsätzlich darin überein, dass die Bibel der verlässliche und verbindliche Kompass der weltweiten Gemeinde Jesu Christi sei. Meinungsunterschiede bei einigen Einzelpunkten wurden zu Recht nicht dem Kompass selbst angelastet, sondern der auch bei

---

60 Darin eingeschlossen ist die durch die Bibel selbst vorgegebene Unterscheidung des jeweiligen heilsgeschichtlichen Standortes, etwa die Differenzierung zwischen dem Volk Israel und der Gemeinde Jesu.

Christen noch unvollkommenen Erkenntnisfähigkeit. Aber des gemeinsamen Kompasses war man sich gewiss.

Zeitgeist »Postmoderne«

Diese Gewissheit wurde in den zurückliegenden Jahrzehnten durch eine Denkweise pulverisiert, die der Zeitgeist diktierte. Dieser Zeitgeist trägt den Namen der sogenannten »Postmoderne«. Er infiltriert und verändert schrittweise das Denken der Evangelikalen. Die meisten Betroffenen haben das wahrscheinlich weder bemerkt noch reflektiert. Sie würden den Vorwurf der Beliebigkeit entschieden zurückweisen und gehen immer noch davon aus, dass die Bibel in gewisser Hinsicht »wahr« sei. Aber was verstehen sie unter »Wahrheit«?

Längst hat der Postmodernismus seinen Fuß in die Tür ihres Hauses gestellt. Wo dieser Geist, wo die Dynamik dieser denkfeindlichen Denkweise Einfluss gewinnt, schwindet alle Hoffnung auf verbindliche und objektive Erkenntnis. An ihrer Stelle zieht die Resignation des Relativismus ein.[61] Wenn die Wahrheit nicht bestimmbar und nicht kommunizierbar ist, kann es keine verbindliche Lehre geben, sondern nur subjektive Meinungen und Erfahrungen. Wo aber die Lehre verschwimmt und verdunstet, ist keine Unterscheidung zwischen richtiger Lehre und falscher Lehre mehr möglich. *Bibeltreu* und *bibelwidrig* lassen sich dann genauso wenig voneinander unterscheiden wie *wahr* und *falsch*.

Dieser weltanschauliche (oder: prinzipielle) Pluralismus fordert mehr und anderes als ein pragmatischer Pluralismus, wie er für jede Demokratie selbstverständlich ist: Ich muss nun dem anderen nicht nur die Freiheit zugestehen, seine Meinung zu vertreten. Sondern ich muss seine Meinung genauso als »wahr« anerkennen, wie ich meine eigene Position für wahr halte: *Ich habe meine*

---

61 Eine kurze Einführung in die Koordinaten postmoderner Denkweise vermittelt mein Buch *Evangelisation in der Postmoderne. Wie Wahrheit den Pluralismus angreift*, Bielefeld, CLV 2004, S. 26-47.

Wahrheit. Du hast deine Wahrheit. Beide Wahrheiten sind gleichermaßen wahr.[62]

Wie die Einheit des Denkens zerbrach

Der Verlust der Wahrheitsgewissheit ist nicht allein der Postmoderne anzulasten, sondern hat eine lange Vorgeschichte, die erst in der Postmoderne zu ihrem verzweifelten Höhepunkt kommt.[63]

Am Anfang stand der Optimismus der Moderne, getragen von einem unbeirrbaren Vertrauen in die grenzenlosen Möglichkeiten der menschlichen Vernunft. Nur wenige erkannten die Schwachpunkte dieses Ansatzes: Weil man sich allein auf den Verstand verlassen wollte und Gottes Offenbarung als Erkenntnisquelle ablehnte, konnte bereits die Moderne die entscheidenden Fragen der Menschen nicht verbindlich beantworten. Nachdem die *christliche* Gesamtschau als Voraussetzung des Denkens abgeräumt worden war (und damit auch eine zusammenhängende Deutung der Wirklichkeit), standen jetzt nur noch verschiedene, einzelne *menschliche* Theorien in Konkurrenz miteinander und konnten sich nicht einigen. Man fand keine einheitliche Sicht der Welt und damit keine allgemeingültige Antwort auf die Sinnfrage.

Nachdem man eine biblische (göttliche) Erklärung der Welt abgelehnt hatte, blieben nur noch unterschiedliche (menschliche) Meinungen nebeneinander stehen. Die allumfassende biblische Welt- und Geschichtssicht, mit dem Anspruch göttlicher Offenbarung, wurde als Anmaßung verworfen.

---

62 Der Zeitkritiker Wolfgang Welsch hat »radikale Pluralität« als das Hauptkennzeichen der Postmoderne ausgemacht – »fortan stehen Wahrheit, Gerechtigkeit, Menschlichkeit im Plural«, d. h. sie können nicht mehr letztverbindlich und allgemeingültig bestimmt werden (Welsch, *Unsere postmoderne Moderne*, 1987, S. 4).

63 Einen allgemeinverständlichen Überblick über die geistesgeschichtliche Entwicklung des Wahrheitsbegriffs bis an die Grenze der Postmoderne gebe ich in meinem Aufsatz *Die Suche nach Wahrheit in der Geistesgeschichte*, zuerst veröffentlicht in: »Das Fundament«, herausgegeben vom Deutschen Christlichen Techniker-Bund (DCTB), Nr. 2/2010.

Damit gibt es aber keine plausible Erklärung für das *Ganze*. Und mehr noch: In der Folge kann nun auch über *einzelne* religiöse und ethische Fragen keine letztgültige Wahrheit fest behauptet werden, da dies ein plausibles Gesamtkonzept voraussetzen würde. Wahrheit lässt sich nicht mehr verbindlich von Lüge und Irrtum unterscheiden.[64]

So zerbrach schon im Prozess der neuzeitlichen Aufklärung Schritt für Schritt die Einheit des Denkens. Alle absoluten Wahrheiten, auch über Grundfragen des Menschseins, wurden damit fragwürdig. Der moderne Mensch fand keine Zuflucht in einem sinnstiftenden Lebensentwurf, sondern war ganz auf sich selbst zurückgeworfen.[65]

Dennoch hielt die Moderne an einer verzweifelten Hoffnung fest: Wenn wir uns intellektuell und wissenschaftlich redlich bemühen, dann muss es doch möglich sein, Wahrheit zu finden, die möglichst viele überzeugt. Man stritt sich um verschiedene Theorien, es gab einen Konkurrenzkampf unterschiedlicher Wahrheitsansprüche. Aber *dass* es absolute Wahrheit geben müsse, darüber bestand Einigkeit. Diese moderne Hoffnung wird postmodern nur noch wehmütig als Illusion belächelt – wie ein schönes Märchen aus alter Zeit.

Zugespitzt formuliert: Die Moderne hat den Glauben an erkennbare, verbindliche Wahrheit *unterminiert (ausgehöhlt)*, die Postmoderne hat ihn schließlich *eliminiert (ausgelöscht)*. Insofern erweist sich die Postmoderne nicht als Bruch mit der Moderne, sondern als deren logische Fortsetzung und Vollendung.[66] Die

64 Was dies etwa für den Vergleich der Religionen bedeutet, kann man klassisch an der »Ringparabel« des Aufklärungsphilosophen Gotthold Ephraim Lessing nachweisen: Es geht nicht mehr um Wahrheit, sondern nur noch um pragmatische Koexistenz.
65 Jürgen Habermas beschreibt dieses Schicksal im Anschluss an Michel Foucault: Die Moderne sei dazu verurteilt, »ihr Selbstbewusstsein und ihre Norm aus sich selbst zu schöpfen« (»Die neue Unübersichtlichkeit«, Frankfurt 1995, S. 129).
66 Diesen Zusammenhang markiert Wolfgang Welsch, einer der bekanntesten Postmoderne-Interpreten, in seinem programmatischen Buchtitel *Unsere postmoderne Moderne*, Berlin 1987.

Moderne hatte die Chance auf Wahrheit unfreiwillig zerstört, weil sie die entscheidende Quelle der Wahrheit ablehnte und entwertete. Die Postmoderne hat aus dem Scheitern der Moderne die Konsequenzen gezogen und das Projekt der Wahrheitssuche für immer beendet – und für lächerlich erklärt.

Gesichter der Verzweiflung

Der Theologe David F. Wells formuliert die Bilanz dieser Entwicklung: »Die Postmodernisten begraben die *Ziele* der Moderne, während sie deren Strukturen bestehen lassen müssen: Urbanisierung [Verstädterung], Kapitalismus, Technologie, Telekommunikation. Im Ergebnis produzieren sie eine neue Version der Moderne, nur ohne deren Überzeugungen und voller Verzweiflung im Hinblick auf die Wahrheitsfrage.«[67] Diese postmoderne Verzweiflung tritt uns in verschiedenen Fratzen entgegen: Alles Nachdenken wird sinnlos (radikale Vernunftkritik), alle Maßstäbe werden haltlos (willkürlich), alle Schicksalsfragen werden aussichtslos.

Natürlich ist der Neoevangelikalismus noch längst nicht auf dem Grund der postmodernen Verzweiflung angekommen. Aber das Gift dieses Zeitgeistes hat schon zu wirken begonnen.[68] Die Bedeutung von Wahrheitsfragen wird zunehmend relativiert, die Unterscheidung zwischen wahrer und falscher Lehre weitgehend vermieden, mehr noch die Akzeptanz von Irrlehren gefördert bzw. gefordert und die Kooperation mit Vertretern von Häresien (Irrlehren) aktiv gesucht.[69]

---

67 *God in the Wasteland*, 1994, S. 47, Übersetzung durch Wolfgang Nestvogel.

68 Einige Wirkungsnachweise erläutert mein Buch *Evangelisation in der Postmoderne*, 2004, v. a. S. 47-61 und 113-126.

69 Ein geradezu klassisches Beispiel für den strukturell postmodernen Umgang mit einer Lehrfrage ist die »Kasseler Erklärung« von 1996. Hier einigen sich Evangelikale und Pfingstler auf eine pragmatische Kooperation. Siehe dazu meine Analyse in dem Aufsatz *Die doppelte Aktualität der Berliner Erklärung im Jahr 1999*, in: 90 Jahre Berliner Erklärung gegen die aufkommende Pfingstbewegung, idea-Dokumentation Nr. 14, September 1999, S. 20-26. Eine aktualisierte Fassung findet sich auf meiner Homepage www.wolfgang-nestvogel.de.

Die programmatische Absage etwa der *Emerging Church*[70] an verbindliche biblische Lehre und ihr auffälliges Bemühen um die Integration unbiblischer Inhalte[71] ist das Produkt einer postmodernen Umdeutung des Christseins. Hier hat man die Fragen der Postmoderne nicht beantwortet (was ja postmodern verboten wäre), sondern vor ihrem Anspruch kapituliert und die Kapitulationsurkunde als evangelistisches Konzept getarnt.

Auch das *Jahr der Stille* als vermeintlich evangelikales Großprojekt, im engen Schulterschluss mit liberalen landeskirchlichen Organisationen und Vertretern aus dem römisch-katholischen Bereich, wäre ohne die Vor- und Wühlarbeit des postmodernen Zeitgeistes nicht denkbar. Hätten die Entscheider und ihre Berater das Wort Gottes als verbindlichen Kompass im Blick, müsste sich ihnen aufdrängen, dass ihre religiös-mystische Kreuzfahrt den biblischen Kurs längst verlassen hat.

Der Verlust des Kompasses ist die wesentliche Ursache dafür, dass es falsche Lehren und heidnische Vorstellungen zunehmend leichter haben, bei den Evangelikalen akzeptiert und hofiert zu werden.

2. Der verlorene Mut

Ein zweiter Faktor, der den geistlichen Temperaturwandel fördert, ohne den das *Jahr der Stille* niemals eine so breite Akzeptanz gefunden hätte, ist der verlorene Mut jener, die das inhaltliche

70 *Emerging Church* (wörtl. »heraufkommende, sich neu entwickelnde Kirche«) versteht die postmoderne Weltsicht nicht als Gegner, sondern als Bundesgenossen des christlichen Glaubens. Sie unterwirft die Bibel einem Prozess der Neuinterpretation und verändert damit radikal das Verständnis von Bibel, Wahrheit, Verkündigung, Mission und Gemeinschaft. Mystische Spiritualität baut zudem eine Brücke zum Gedankengut des New Age.

71 Siehe den exemplarischen Nachweis bei D. A. Carson, *Emerging Church. Abschied von der biblischen Lehre?*, deutsche Übersetzung bei CLV 2008.

Problem erkennen. Während die einen den Kompass verloren haben, ist den anderen der Mut abhandengekommen.

Sie sehen den tiefen Graben zwischen biblischer Wahrheit und esoterischer Mystik. Ihnen muss man nicht erst erklären, dass eine Lüge umso gefährlicher wirkt, je mehr sie mit Wahrheit vermischt ist. Deshalb sind ihnen die vermeintlich positiven Beiträge und richtigen Gedanken, die Einzelne zum *Jahr der Stille* beisteuern, kein Trost – tragen diese doch noch mehr zur Verwirrung bei, da sie es den wenig Informierten umso schwerer machen, die falsche Grundausrichtung des Gesamtkonzeptes zu durchschauen. Wer das Grundproblem erkennt, wird anderen Christen nicht den Rat geben, sich an Veranstaltungen des *Jahres der Stille* zu beteiligen.

Eigentlich müssten diese Einsichtigen jetzt aktiv werden. Sie müssten in ihrem Umfeld, in ihrer Gemeinde, in ihrem Hauskreis durch solide Information und faire Erläuterungen auf die Problematik des Projektes hinweisen. Sie müssten sich erkennbar positionieren.

Hier verlässt viele der Mut. Auch mancher, der in den evangelikalen Reihen Vertrauen genießt und sich durch einen treuen Dienst in vielen Jahren bewährt hat, äußert sich nicht (mehr), obwohl er öffentlich Gehör finden würde. Die Suche nach den Gründen bleibt spekulativ.

Sachlich oder persönlich

Manche haben die Sorge, ihre öffentliche Stellungnahme könnte als Verunglimpfung von Mitchristen missverstanden werden. Leider ist es innerhalb des evangelikalen Lagers in der Vergangenheit immer wieder gelungen, sachliche Kritik an Konzepten als persönliche Beleidigung und liebloses Verhalten zu diskreditieren. Auf diese Weise wurden einige besonnene Stimmen, denen es um die ehrliche inhaltliche Debatte ging, vorzeitig »mundtot« gemacht, zum Schaden der Sache.

Natürlich gibt es gelegentlich auch peinliche Beispiele persönlicher Verunglimpfung und absurder Unterstellungen, und das auf allen Seiten. Dann aber gilt der Grundsatz: *abusus usum non tollit* (der Missbrauch – hier: von Sachkritik – verbietet nicht den Gebrauch).

Selbst der Apostel Paulus hat es für nötig gehalten, seinem Apostelkollegen Petrus öffentlich entgegenzutreten – und das dann auch noch mit Namensnennung in einer apostolischen Epistel zu dokumentieren (Gal 2,11-14). Er tat dies, weil es ihm um der *Sache* willen, um des Evangeliums willen, unverzichtbar erschien. An anderer Stelle konnte er *persönliche* Gegnerschaft gelassen hinnehmen, solange dies nicht der inhaltlichen Klarheit der Verkündigung schadete (Phil 1,15-18). Diesem Vorbild gemäß sollten wir es lernen, in persönlicher Hinsicht gelassen und geduldig zu sein und nicht empfindlich zu reagieren, wenn Mitchristen uns einmal nicht gerecht werden. Andererseits brauchen wir eine geheiligte Konfliktfähigkeit, die unbequeme inhaltliche Probleme notfalls auch öffentlich anspricht – nämlich dann, wenn öffentlicher Schaden begrenzt oder verhindert werden muss. Das *Jahr der Stille* ist ein öffentliches Projekt, dessen Auswirkungen viele Menschen betreffen werden. Wer die Not sieht, muss darum öffentlich reagieren und um der Liebe willen die Wahrheit sagen (Eph 4,15). Dazu braucht es einen Mut, der sogar riskiert, dass ihm falsche Motive unterstellt werden.

Manche, die das Problem erkennen, beziehen keine öffentliche Position, da sie von ihnen geschätzte Brüder schonen wollen, die bei dem fragwürdigen Projekt aktiv mitwirken. Aber wer schont *die* Christen im Lande, die durch dasselbe Projekt geistlichen Schaden erleiden?

Wieder andere haben den Mut zu kritischen öffentlichen Stellungnahmen verloren, weil es ihnen an Gemeinschaft im geistlichen Kampf (1Tim 6,12) fehlt. Das führt uns zu einem weiteren Faktor, der die gefährliche geistliche Temperaturänderung begünstigt und einen wirkungsvollen Widerstand erschwert.

3. Die verlorene Gemeinschaft

Der anfangs dargestellte Einfluss des Zeitgeistes bewirkte, dass einige evangelikale Organisationen, die sich früher für apologetische Anliegen eingesetzt und aktuelle Entwicklungen kritisch begleitet haben, diese Aufgabe nicht mehr mit der gleichen Leidenschaft wahrnehmen.

Je stärker das postmoderne Denkmuster die öffentliche Wahrnehmung prägt, umso angreifbarer erscheinen der Einsatz für Lehranliegen und der Protest gegen Fehlentwickungen. Wer gar im innerevangelikalen Diskurs grundsätzliche Anfragen und Bedenken formuliert, kann schnell als »Nestbeschmutzer« ausgegrenzt werden.

So wurde mancher verantwortungsbewusste und im guten Sinne »kritische Geist« isoliert, was dazu führte, dass er ohne den Schutz und die Korrektur der Bruderschaft entweder zum kauzigen Eigenbrötler mutierte (der verständlicherweise in der Öffentlichkeit kaum noch Gehör fand) oder resignierend verstummte.

Hinzu kam, dass die wohl einflussreichste übergemeindliche Organisation der Evangelikalen in Deutschland, die Deutsche Evangelische Allianz (DEA), zunehmend unter den Einfluss der oben beschriebenen Entwicklung und damit in den Sog des Neoevangelikalismus geriet. Dadurch verloren viele Christen, die diesen Weg aus Gewissensgründen nicht mitgehen konnten, eine wichtige geistliche Heimat – und auch eine Plattform für den gemeinsamen Einsatz zugunsten der biblischen Lehre.

Noch auf dem Allianztag 2008 in Bad Blankenburg hatte Dr. Stephan Holthaus, Dekan der Freien Theologischen Hochschule (FTH) in Gießen, dafür plädiert, eine »Apologetische Zentrale der Evangelischen Allianz« einzurichten, die sich kritisch mit Fehlentwicklungen in den eigenen evangelikalen Reihen auseinandersetzen solle.[72]

72 Meldung in ideaSpektrum, 40/2008, S. 10.

Eine Konkretisierung, wo und worin er denn apologetischen Handlungsbedarf erkenne, war der Theologe auch auf Nachfrage schuldig geblieben. Dass Holthaus dabei *nicht* an solche theologischen »Fehlentwicklungen« dachte, die etwa zum *Jahr der Stille* geführt haben, zeigt sich daran, wie er *dieses* Projekt inzwischen öffentlich als »Zeichen gegen die oberflächliche Beschleunigungsgesellschaft« gelobt hat.[73] Wie soll die Evangelische Allianz, bzw. eine ihr zugeordnete Apologetische Zentrale, einen stellvertretenden Wächterdienst wahrnehmen, wenn sie selbst in den letzten Jahren so wenig biblisches Urteilsvermögen bewiesen hat? Wer nicht einmal die theologische Fragwürdigkeit des *Jahres der Stille* durchschaut, wie soll man dem vertrauen und zutrauen, dass er komplexere Problemfelder sachgerecht bewertet?

Ist »bibeltreu« ein falscher Begriff?

Eine zweite große Organisation der Evangelikalen, der Gnadauer Gemeinschaftsverband, hat sich unter dem langjährigen Präses Christoph Morgner ebenfalls in eine theologische Richtung bewegt, die den beschriebenen Verfallserscheinungen eher folgte, als ihnen entgegenzutreten. Das gilt natürlich nicht für alle dem Gnadauer Verband angehörenden Werke und längst nicht für alle Persönlichkeiten, die unter diesem Dach geistliche Verantwortung trugen. Aber die von Morgner geprägte Ausrichtung bestimmte den Kurs und die öffentlichen Stellung- und Einflussnahmen der bundesweit agierenden Leitungsinstanz. Noch kurz vor Beendigung seiner Amtszeit äußerte sich der Pfarrer im Frühjahr 2009 zur Bibelfrage. Das geschah in einer Weise, die als charakteristisch für die Gnadauer Akzente in den letzten Jahren gelten kann.[74]

---

73 In einem Artikel über »Die Aussichten für 2010«, den der Gießener Theologe in ideaSpektrum veröffentlichte, heißt es zu unserem Thema: »Das ›Jahr der Stille‹, von vielen Kirchen und Kreisen für 2010 ausgerufen, ist so ein kleines Zeichen gegen die oberflächliche Beschleunigungsgesellschaft. Dabei darf es aber nicht bleiben: Aus der Stille heraus sind wir herausgefordert, die Sehnsucht vieler Menschen nach Authentizität in die richtigen Kanäle zu leiten ...« (ideaSpektrum, 1/2010, S. 19).

74 Siehe die Meldung in ideaSpektrum, 7/2009, S. 6. Vgl. auch Morgners Interview u. a. zur Bibelfrage, in dem er die Attribute »irrtumslos« und »unfehlbar« als für die Bibel unangemessen verwirft (ideaSpektrum, 35/2009, S. 15-17).

Dabei stellte Morgner die Begriffe »bibeltreu« und »schriftgläubig« infrage: Hier zeige sich eine Schwerpunktverlagerung, bekomme doch die Bibel denselben Stellenwert wie Christus. Im selben Atemzug warnte der Theologe vor einem fundamentalistischen Verständnis, welches aus dem Evangelium eine »Buchreligion« mache. Weiter sinngemäß: Wer zeigen wolle, dass die Bibel keine Fehler enthalte, maße sich an, deren Geheimnisse mithilfe der Vernunft entschlüsseln zu können, das sei »Bibelkritik von rechts«.

In Morgners Votum werden Unterstellungen miteinander kombiniert, die man so früher nur von offiziellen Vertretern der Bibelkritik und des Liberalismus zu hören bekam. Wer pro Irrtumslosigkeit der Bibel argumentiere, verliere Jesus Christus aus dem Zentrum (als ob nicht Jesus Christus selbst dafür eingetreten wäre – siehe Joh 10,35; Mt 5,17-19 u. a.). Mehr noch: Hier wird die Betonung von Bibeltreue sprachlich in die Nähe von Begriffen gerückt, die beim Durchschnittsleser längst den Hauch des Anrüchigen und Extremistischen bekommen haben (fundamentalistisch, rechts). Und wer denkt bei »Buchreligion« nicht an Geistesverwandtschaft mit dem Islam? Da hilft es wenig, wenn Morgner dann auch ein theologisch liberales Bibelverständnis ablehnt. Wo soll sein dritter Weg zwischen »Bibelkritik« und »Bibeltreue« denn hinführen? Leider haben die gewagten Thesen des Gnadauer Leiters auch in der konservativen christlichen Szene seinerzeit kaum Staub aufgewirbelt und wenig vernehmbare Empörung oder gar Widerstand ausgelöst. Haben einige da schon resigniert oder sich dem Meinungsdruck gegen klare Positionen ergeben?

Die verlorene Gemeinschaft, die Vereinzelung bibeltreuer Stimmen, ist ein nicht zu unterschätzender Faktor, der die Durchsetzung von Entwicklungen, wie sie das *Jahr der Stille* dokumentiert, erleichtert.

Eine neue Allianz?

Umso dringender wird das Anliegen einer neuen, bibeltreuen Sammlungsbewegung, wie immer man sie auch nennen mag. Wenn nicht jetzt, wann dann? Bereits im Jahr 2002 hatte ich in einem Vortrag dieses Anliegen einer neuen, bekennenden, bibeltreuen Evangelischen Allianz artikuliert, in der wir *gemeinsam* den Herausforderungen der Stunde begegnen können.[75]

Damals erinnerte ich an ein Vorbild aus den USA – die *Allianz Bekennender Evangelikaler (engl. Alliance of Confessing Evangelicals* – ACE).[76] Die darin zusammengeschlossenen Theologen nennen sich »bekennende Evangelikale«, weil sie den Eindruck haben, dass viele Evangelikale sich von den Grundpfeilern der Reformation abgekehrt und ihre Identität eingebüßt haben.[77]

Herausgefordert durch die geistlichen Auflösungserscheinungen in weiten Teilen der evangelikalen Bewegung gründeten die bekannten Prediger, Professoren und Autoren eine neue Allianz. Die Grundlage ihres Bekennens dokumentierten sie in der *Cambridge Declaration* von 1996. Darin werden die sola-Bestimmungen angeführt, mit denen die Reformation ihr Anliegen markiert hat: *Allein die Schrift* (sola scriptura) – *Allein Christus* (solus Christus) – *Allein aus Gnade* (sola gratia) – *Allein durch den Glauben* (sola fide) – *Allein Gott gebührt die Ehre* (soli Deo gloria).

Ein besonderes Kennzeichen dieser bibeltreuen Allianz ist die konfessionelle Herkunft der handelnden Personen. Sie gehören zu verschiedenen evangelischen Kirchen und Gemeinschaften. Zu

---

75 Vortrag zur Eröffnung des Wintersemesters der Akademie für Reformatorische Theologie (ART) am 5. Oktober 2002 in Marburg. Eine Zusammenfassung findet sich auf www.wolfgang-nestvogel.de. Vergleiche auch die Berichte in TOPIC 10/2002, S. 9-10, und ideaSpektrum 49/2002, S. 9.

76 Alle Informationen und Zitate zur ACE unter www.alliancenet.org.

77 Im ihrem Grundsatzpapier formuliert die ACE: »Evangelikale Gemeinden werden heute zunehmend mehr durch den Zeitgeist bestimmt als durch den Geist Jesu Christi. Als Evangelikale fordern wir uns selbst auf, Buße für diese Sünde zu tun und den historischen (echten) christlichen Glauben wiederzufinden.«

den Mitarbeitern und Unterstützern der ACE zählen unter vielen anderen John MacArthur und R. C. Sproul. Hier wirken Brüder zusammen, die zwar z. B. in der Tauffrage unterschiedliche Auffassungen vertreten, aber sich in ihrem bibeltreuen Grundanliegen einig wissen. Deshalb betonen sie die absolute Vorrangstellung der Bibel und unterwerfen sich »allein der Schrift als einzigem endgültigen Maßstab für Glauben und Leben«.

Seit 2002 ist auch in Deutschland einiges geschehen, nicht zuletzt durch die Gründung des Maleachi-Kreises und die Durchführung der Maleachi-Konferenzen. Damit wurde ein Teil dieses Anliegens bereits aufgenommen. Die in unserem Buch behandelten Vorgänge unterstreichen erneut, welche Bedeutung eine solche Gemeinschaft hat. Dabei ist die Kritik an Missständen und Fehlentwicklungen nicht das Lebenselixier unserer Bewegung, sondern eine unvermeidliche Last, die um Christi und seiner Gemeinde willen getragen werden muss. Darüber hinaus brauchen wir die gegenseitige brüderliche Korrektur und die Bereitschaft, aufeinander zu hören und zu achten. Der Druck der geistlichen und geistigen Kämpfe, zu denen wir durch den Zeitgeist herausgefordert sind, soll uns nicht in Selbstisolation, Separatismus und Selbstgerechtigkeit treiben, sondern in die Nähe der Brüder und Schwestern in Christus.

Sollte der HERR Jesus Christus es schenken, dass daraus noch einmal eine bibeltreue Allianz für Deutschland entsteht, dann wird es nicht um den Aufbau menschlicher Machtpositionen gehen, sondern um ein Sammeln der Herde Jesu Christi (Apg 20,28). Viele Glaubensgeschwister in unserem Land warten und hoffen darauf.

Zur Ruhe kommen – auf der Couch oder am Kreuz?

Roland Antholzer

»Kommt her zu mir alle, die ihr mühselig und beladen seid, so will ich euch erquicken! Nehmt auf euch mein Joch und lernt von mir, denn ich bin sanftmütig und von Herzen demütig; so werdet ihr Ruhe finden für eure Seelen! Denn mein Joch ist sanft, und meine Last ist leicht« (Mt 11,28-30).

Ruhe finden für die eigene Seele – ist es nicht das, was sich Menschen erhoffen, wenn sie zum Psychotherapeuten oder Seelsorger gehen? Ist es nicht auch ein berechtigtes Anliegen? Dieses Jahr 2010 wurde von diversen evangelischen, evangelikalen und charismatischen Werken zum »Jahr der Stille« ausgerufen. Es geht um »Leben aus der Stille in der Begegnung mit Gott«, darum, »ein gesundes Gleichgewicht zwischen Arbeit und Ruhe zu finden und zu leben«.[78] Wer könnte dagegen Einspruch erheben? Wer leidet nicht unter Hektik und Arbeitsstress, unter der Reizüberflutung und Lautheit unseres Lebens? Wir leben in einer »Schnellfeuerkultur« mit ihrer ständig wachsenden Beschleunigung in allen Lebensbereichen.[79] Viele junge Menschen können Stille nicht mehr ertragen, leiden in reizarmer Umgebung unter Entzugserscheinungen, die sich dann in Hypermotorik und Konzentrationsschwäche äußern (ADS/ADHS). Somit hat der Ruf nach Stille durchaus seine Begründung. Doch wie so oft stimmt zwar die Diagnose, aber bei der Therapie hapert's. Wenn dieses an sich gute Anliegen zum Steigbügelhalter für eine aufkommende neomystische Bewegung werden soll, dann ist eine deutliche Warnung angesagt.

---

78 Pressetext der Geschäftsstelle »Jahr der Stille 2010« beim Bibellesebund.
79 Richard DeGrandpre, *Die Ritalin-Gesellschaft – ADS: Eine Generation wird krankgeschrieben.* Weinheim & Basel: Beltz Verlag 2005.

Mystik in Katholizismus, Orthodoxie und Protestantismus

Wie in diesem Buch schon dargestellt wurde, ist die Mystik der Versuch, per Innenschau eine Einswerdung mit Gott zu erlangen. Der religiöse Mensch versucht, von sich aus sich Gott zu nahen und transzendente Gotteserfahrungen zu machen. Für das Verständnis heutiger Entwicklung ist es aber wichtig zu wissen, dass die Mystik nicht nur in den außerchristlichen Religionen wie Hinduismus, Buddhismus, Taoismus, Islam und Judentum verwurzelt ist, sondern auch ihre Tradition in den christlichen Kirchen hat.

Die Mystik war speziell in der römisch-katholischen Kirche immer schon ein wesentliches Element. Der Katholizismus ist geradezu durchdrungen von Mystik in Lehre und Glaubensvollzug. Zutiefst mystisch sind die Heilige Eucharistie, die Marienverehrung, Marienerscheinungen, das Rosenkranzgebet[80], Übungen in Askese, Kontemplation und Meditation. Viele der katholischen Heiligen waren Mystiker, so etwa Bernhard von Clairvaux, Hildegard von Bingen, Franz von Assisi, Meister Eckhart, Johannes Tauler, Heinrich Seuse, Franz von Sales, Madame Guyon, Johannes vom Kreuz, Angela von Foligno, Katharina von Siena, Mechthild von Magdeburg und viele andere.

In den orthodoxen Kirchen hat die Mystik ebenfalls eine lange Tradition. In der Mönchsbewegung wird die Mystik praktiziert durch das Jesusgebet bzw. Herzensgebet[81] und die Nabelschau (griech. *omphaloskepsis*). In der orthodoxen Glaubenspraxis haben die Ikonen einen hohen Stellenwert. Sie sind so etwas wie Vermittler zwi-

---

80 Folgendes Zitat zeigt auf, wie weit die mystischen Vorstellungen im römisch-katholischen Volksglauben in Bezug auf den Rosenkranz gehen: »Der Bluttränenrosenkranz ist die stärkste Waffe gegen die Dämonen. Mit jeder Perle wird ein Teufel ausgetrieben. Der böse Feind flieht, wo er gebetet wird. – Worte der Lb. Mutter Gottes!« Siehe: http://www.adorare.de/blutrk.html.

81 Das Jesusgebet ist heute im evangelisch-charismatischen Umfeld wieder aktuell. So schreibt Elke Oesau, Mitarbeiterin auf Schloss Craheim, einer christlichen Begegnungsstätte in Stadtlauringen: »Das Jesus-Gebet ist eine Möglichkeit, zu mehr Beständigkeit im Gebet zu finden. Man kann es während vieler Situationen und auch bei manchen Tätigkeiten des Alltags praktizieren.«

schen Gott und Mensch. Einige der wichtigsten Mystiker, die alle aus dem orthodoxen Mönchtum kommen und in unserem Kulturkreis weniger bekannt sind, sind der heilige Pachomios, Basileios der Große, Symeon der neue Theologe, Athanasios, Gregor Sinaites, Paissios Velijkowski, Josef der Hesychast und andere.

Zwar wurde die Mystik in den reformatorischen Kirchen grundsätzlich abgelehnt, doch konnte sich der nachreformatorische Protestantismus mystischen Einflüssen nicht mehr erwehren. Jakob Böhme, obschon von der Orthodoxie zum Ketzer erklärt, vermochte der Mystik Einfluss zu verschaffen. Gerade der reformierte Pietismus war diesen Einflüssen gegenüber durchaus aufgeschlossen. Vertreter waren z. B. Angelus Silesius (eigentlich Johann Scheffler), in neuerer Zeit sind es z. B. Christian Morgenstern, Jörg Zink und Peter Zimmerling.

Wo beginnt die Mystik?

Manchmal wird die Mystik so allgemein gedeutet, dass jede besondere transzendente bzw. geistliche Erfahrung damit gleichgesetzt wird. Dann war die Erfahrung der Jünger auf dem Berg der Verklärung eine mystische Erfahrung, gleichermaßen die Bekehrung des Paulus auf dem Weg nach Damaskus oder die Vision des Petrus auf dem Hausdach des Gerbers Simon (Apg 10,9-16).

So schreibt Andreas Ebert: »Christliche Mystik ist so alt wie die Kirche. Paulus wurde durch eine direkte mystische Begegnung mit dem Auferstandenen zum Christen – und nicht durch menschliche Vermittlung. Er spricht von einer mystischen Erfahrung, wenn er sagt: ›Nun lebe nicht mehr ich, sondern Christus lebt in mir‹ (Gal 2,20).«[82] Bei solcher Verallgemeinerung des Begriffs »Mystik« wären allerdings alle wiedergeborenen Christen Mystiker. Das aber ist meines Erachtens eine gefährliche Verharm-

82 Siehe http://www.credo.de/glauben33.html.

losung. Da verkennt man, dass weder ein Paulus noch ein Petrus sich in sich selbst versenkt hat, um in seinem eigenen Geist eine Gottesbegegnung zu erfahren. Ihren außergewöhnlichen geistlichen Erfahrungen lagen immer souveräne Eingriffe von Gottes Seite zugrunde, Eingriffe, die ohne menschliches Zutun und für die Apostel selbst völlig überraschend geschahen.

Damit wäre ein wesentliches Unterscheidungskriterium benannt: Bei medialen Vorgängen ist der als Medium tätige Mensch immer zunächst der Aktive, der Handelnde, indem er bestimmte Techniken einsetzt, um so die Tür zur jenseitigen Welt zu öffnen (sog. »Doorway-Techniken«). Solche Techniken sind z. B.: Rituale, insbesondere Kreis- und Kerzenrituale, das Malen oder Erstellen von Mandalas, Entspannungs-, Konzentrations- und Atemübungen, die yogische Augenstellung, Autogenes Training, insbesondere in der Oberstufe, Visualisierungsübungen, Fantasiereisen, Meditation und Yoga, diverse Körper- und Massage-Übungen und nicht zuletzt Drogen, oft im Zusammenhang mit ekstatischem Tanz bei rhythmischer Musik.

Eine gefährliche Grenzüberschreitung

Wenn man die Berichte der diversen Mystiker liest, kommt man nicht umhin, eine gefährliche Grenzüberschreitung festzustellen, die Menschen in Gemeinschaft der Dämonen bringt. Bewusst herbeigeführte Passivität (Kontemplation, Meditation) ist ein starker Türöffner zur jenseitigen Welt. Man öffnet damit eine verbotene Tür, hinter der man mit Gewissheit nicht Gott oder Jesus Christus begegnen wird. In der Schrift werden wir von Gott zwar aufgefordert, still zu werden, um Ihn zu erkennen, doch nie dazu, in einen Zustand der Passivität zu versinken und den aktiven Verstand auszuschalten.

Noch etwas wäre zu bedenken: Die Mystik ist das einigende Band schlechthin, das die verschiedenen Religionen, Sekten und Kulte zusammenhalten könnte. Vor Jahren kam ich ins Gespräch mit einem überzeugten Esoteriker. Als wir auf die Mystik zu sprechen kamen und ich die Gefahr der Mystik aufzeigte, bekam ich von ihm eine Antwort, die sich mir einprägte. Er sagte: »Die christliche Kirche der Zukunft wird eine mystische sein oder sie wird nicht mehr sein.«[83] Nun hat dieser Mann natürlich keinen Unterschied gemacht zwischen der Institution Kirche und der wahren Gemeinde Jesu, die als Ganzes die Verheißung des HERRN hat, dass die Pforten des Totenreiches sie nicht überwältigen werden (Mt 16,18). Bezogen auf die synkretistische Endzeitkirche aber, in der Offenbarung »Hure Babylon« genannt, mag er wohl recht gehabt haben. Diese letzte Ausgestaltung einer (pseudo)christlichen Kirche wird eine in hohem Maße mystische Kirche sein. Wenn wir das verstanden haben, dann wissen wir um die Gefahr, die in der Hingabe an mystische Praktiken steckt. Wer heute schon von der Mystik angekränkelt ist, wird der kommenden antichristlichen Weltreligion, die eine zutiefst mystische Religion sein wird, nicht widerstehen können. Auf diesem Hintergrund wird man in Bezug auf den zunehmenden Einfluss der für die Mystik sehr offenen Emerging-Church-Bewegung doppelt wachsam sein müssen.

Ein verhängnisvoller Pragmatismus

Wie schon eingangs gesagt, ist es heute mehr denn je ein begründetes Anliegen, zur Ruhe kommen zu wollen. Schätzungen gehen Jahr für Jahr von einer größeren Anzahl von Burnout-Erkrankten und -Gefährdeten aus. Seit der Jahrtausendwende spitzen sich die Zustände in der Arbeitswelt weiter zu: Die Zahl der psychischen Erkrankungen infolge von Arbeitsstress steigt unverändert stark an. Abgesehen von den vielfältigen Belastungsfaktoren und mangelnden persönlichen Ressourcen, mit solchen Belastungen fertig zu werden (Resilienz), liegt es auch an dem Verlust der Fähigkeit zur kräftesammelnden Erholung.

---

83 Wie ich erst später feststellte, zitierte er damit wohl den katholischen Theologen Karl Rahner, der gesagt hat: »Der Fromme von morgen wird ein Mystiker sein, einer, der etwas erfahren hat, oder er wird nicht mehr sein …«. Karl Rahner, *Frömmigkeit früher und heute*, in: ders., Schriften zur Theologie Bd. 7, Zürich: Benziger 1966, 11-31: 22f.

Gewiss: Jeder hat seine eigenen Wege, um zur Ruhe zu kommen, sei es in der Natur, durch sportliche Betätigung, im Ausüben eines Hobbys. Auch die Couch mag hilfreich sein, um sich physisch zu erholen und zur Ruhe zu kommen. Wäre ein Burn-out nur eine Folge physischer Erschöpfung, würden diese Erholungsmöglichkeiten ausreichen, um vorzubeugen. Nun geht es aber wesentlich auch um eine geistige und seelische Erholung. Und das ist es ja wohl auch, woran bei der Ausrufung des »Jahres der Stille« primär gedacht wurde: zur Ruhe zu kommen an Geist und Seele.

In diesem Zusammenhang fällt den meisten Menschen und leider auch Christen eine andere Couch ein, nämlich die des Psychotherapeuten. Man versucht es mit fragwürdigen Praktiken, die man aus Mystik und Psychotherapie entlehnt hat. Kurzfristige Entspannung und Beruhigung mag auf diesem Weg gefunden werden. Den wahren Herzensfrieden allerdings wird man weder auf der Couch im Wohnzimmer noch auf der des Psychotherapeuten finden, sondern nur in Jesus Christus.

In den letzten zwei Jahrzehnten hat sich im Bereich christlicher Seelsorge ein verhängnisvoller Pragmatismus breitgemacht. Es begann damit, dass man meinte, ohne die auf dem Boden bibelfremder Menschenbilder gewachsener Psychotherapien nicht mehr auskommen zu können. Es wurden rein pragmatisch gewisse Konzepte und Methoden übernommen, ohne je ernsthaft die Frage gestellt zu haben, ob diese Konzepte nicht vielleicht dem Anliegen der Seelsorge entgegenstehen und schädlich sind. Mittlerweile öffnet man sich auch Praktiken, die offensichtlich widergöttlich sind. Ich werde nun im Folgenden auf einige solcher seelsorgerlichen Ansätze eingehen, Ansätze, die sich unbiblischer, mystischer, ja sogar okkulter Praktiken bedienen.[84]

84 Diese Texte sind teilweise schon veröffentlicht worden in folgendem mittlerweile vergriffenen Buch: Roland Antholzer und Thomas Schirrmacher, *Was hilft wirklich? Biblische Seelsorge contra Psychotherapie,* Schwengeler Verlag Berneck, 4. Auflage 2001, Kapitel 5.

Innere Heilung

Ein seelsorgerliches Konzept, das besonders mit der Charismatischen Bewegung verbunden ist, ist das der »Inneren Heilung«. Es handelt sich um einen methodischen Ansatz, der verschiedene Elemente miteinander integriert: psychotherapeutische, mystisch-okkulte, aber auch klassisch-seelsorgerliche Elemente. Der Einfluss der Psychologie, speziell tiefenpsychologischer Prägung, wird von *Betty Tapscott*, einer bekannten Vertreterin dieser Methode, unumwunden eingestanden. Sie definiert sie folgendermaßen: »Innere Heilung ist Psychotherapie plus Gott.«[85] Damit verweist sie ungewollt auf die Tatsache, dass in sehr unkritischer Weise psychoanalytische Konzepte aufgenommen wurden, wie z. B. die Traumatheorie, die Lehre vom Unbewussten, auch kollektiven Unbewussten im Sinne von C. G. Jung, die tiefenpsychologische Entwicklungslehre usw.

Der Einfluss von Agnes Sanford

Jakobus fragt: »Sprudelt auch eine Quelle aus derselben Öffnung Süßes und Bitteres hervor?« (Jak 3,11). Eine bittere Quelle kann nur Bitteres hervorbringen, weshalb es immer angeraten ist zu prüfen, aus welcher Quelle eine Lehre kommt. Die Lehre von der »Inneren Heilung« geht zurück auf *Agnes Sanford*, deren Schriften in manchen christlichen Kreisen einen hohen Stellenwert haben. So wird auch in etlichen Publikationen (Bücher, Ideenheft) zum »Jahr der Stille 2010« auf die Innere Heilung hingewiesen bzw. werden deren Inhalte positiv angesprochen.

Nun sind ihre Lehren allerdings so unverhohlen heidnisch, dass man sich nur wundern kann, dass Christen das nicht merken. So sagt Agnes Sanford etwa, dass wir ein Teil Gottes seien: »Er ist in der Natur, und er ist selbst die Natur.« Sie nennt Gott die »ursprüngliche Energie« und dass »wir allein durch die

85 Betty Tapscott, *Der Dienst der inneren Heilung – Perspektiven für die Praxis*, Mainz-Kastel 1991.

Kraft unseres Geistes in anderen Menschen gute Eigenschaften erzeugen«, Kranke über weite Entfernungen hinweg heilen und anderen durch die Visualisierung sogar ihre Sünden vergeben können.[86] Sanford lehrte also ein pantheistisches Gottesbild, bei dem alles Gott ist, verstand sich als christliche Mystikerin und war stark von der okkulten Theosophie beeinflusst.

Sie sprach viel von ihren außerkörperlichen Erfahrungen (»out-of-body-experience«), während denen sie Botschaften empfing. Geradezu entlarvend ist ihre gut gemeinte Warnung vor der möglicherweise destruktiven Macht ihres Gebetes um »Heilung der Erinnerungen«. So wies sie darauf hin, dass dadurch die Tür zum Geist eines Menschen geöffnet werden könnte, »durch die destruktive Geister eintreten«. Durch ein Gebet von einer jungen Frau wurde Sanfords geistliches Auge geöffnet, das sie selbst das »dritte Auge« nannte.[87] Das »dritte Auge« liegt laut Chakrenlehre in der Mitte der Stirn und hat die Fähigkeit, übernatürliche Dinge wahrzunehmen.[88] Dies nur zur Kennzeichnung der Quelle der Methode der »Inneren Heilung«. Den Begriff selbst hat die Schwester des früheren US-Präsidenten Jimmy Carter, die Charismatikerin Ruth Carter-Stapleton, geprägt.

Die Methode der Inneren Heilung

Die Methode besteht darin, dass man sich in frühkindliche Situationen zurückversetzen soll, von denen man glaubt, dass sie etwas mit den gegenwärtigen Problemen zu tun haben. Da wird dann etwa eine Frau dazu angeleitet, sich in einer Vision ein traumatisches Kindheitserlebnis vorzustellen, also sich in die Situation zurückzuversetzen, in der sie als Kind von ihrem Vater sexuell

---

86 Agnes Sanford, *Heilendes Licht.*

87 Jane Gumprecht, *Abusing Memory – The Healing Theology of Agnes Sanford,* Moscow and Idaho 1997, S. 31.

88 Im christlich-mystischen Verständnis wird dieses Phänomen als »inneres Sehen« der Seele aufgefasst, etwa im Sinne von Epheser 1,18, wo Paulus den Gläubigen »erleuchtete Augen des Herzens« wünscht. So wird okkulten Lehren ein christliches Mäntelchen umgehängt.

missbraucht worden war. Sie soll sich dieses schlimme Erlebnis so real und lebendig wie möglich vor ihrem geistigen Auge vergegenwärtigen. Dann soll sie sich vorstellen, dass Jesus in dieser Situation zugegen ist und sie durch seine Gegenwart heiligt, verändert oder die damit verbundene Schuld vergibt. Dadurch soll es dann zur Heilung der seelischen Verwundung kommen. Ein Vertreter dieser Methode schreibt: »Die Vorstellung, die hinter der Inneren Heilung steht, ist einfach die, dass wir Jesus Christus bitten können, zu der Zeit zurückzugehen, in der wir verletzt wurden, und uns von den Auswirkungen dieser Wunden, die bis in die Gegenwart hineinreichen, zu befreien …«[89]

Kritische Beurteilung

Das Thema »Innere Heilung« ist heute sehr populär in der evangelikal-charismatisch geprägten Christenheit. Es ist auch zu Recht sehr umstritten. Zunächst einmal wäre zu dieser Methode zu sagen, dass sie mit der Bibel nicht zu begründen ist. Analog dem Trend unserer Zeit und insbesondere der humanistischen Psychologie spricht man bei der Inneren Heilung fast ausschließlich von Gefühlen. Nicht die Veränderung des Denkens und Verhaltens ist im Fokus, nicht Buße, Vergebung, Gehorsam und Selbstverleugnung, sondern verletzte Gefühle. Fairerweise muss ich sagen, dass es auch moderate Versionen gibt, etwa die von Wolfram Kopfermann oder David Seamands, doch ihre Ansätze sind nicht typisch für das, was Charismatiker unter Innerer Heilung verstehen. In den einschlägigen Büchern findet man kaum den ernsthaften Versuch, diese Methode biblisch zu begründen. Bestenfalls werden Bibelzitate als schmückendes Beiwerk angeführt. Die Praxis dagegen impliziert ein erschreckendes Unverständnis des Heilshandelns Gottes. So muss in einem Fallbeispiel von *Arline Westmeier* eine Ratsuchende erst Jesus visualisieren, dann alle ihre verletzten Gefühle in einen Sack packen, diesen Jesus auf die Schulter laden und zusehen, wie Jesus den Sack dann

89 Francis MacNutt, *Healing*, Ave Maria Press, 1974, S. 183.

ans Kreuz trägt.[90] Ich meine, es gehört zum ABC des christlichen Glaubens, dass der Herr Jesus nicht für unsere Gefühle, sondern für unsere Schuld ans Kreuz gegangen ist. Auch wird er nicht immer neu ans Kreuz gehen, weil wir das so wollen. Er ist ein für alle Mal für unsere Sünde gestorben.

Besonders erschreckend ist die Tatsache, dass fast immer die Methode der Visualisierung zur Anwendung kommt. Nun ist diese Methode keineswegs neu. Okkultisten haben seit Langem die Ansicht vertreten, dass Gedanken durch die Visualisierung materialisiert werden und eine Existenz auf der physischen Ebene annehmen können. Die Visualisierung ist auch die Methode, mit der Schamanen in Kontakt mit Kontroll-Geistern treten, die ihnen dann zu Diensten stehen. Sie nennen die Geister »innere Führer« oder »Führer in der Fantasie«. Die Vorstellung, dass durch gedankliche Kraft die äußere Wirklichkeit zu verändern wäre, liegt letztlich jeder Magie zugrunde. Das gilt für die Technik des Positiven Denkens gleichermaßen wie für die Visualisierung. In beiden Fällen überschreitet man die Grenze zur Zauberei. Dass das in der Welt geschieht, muss uns nicht verwundern. Dass es aber auch in der Gemeinde Jesu praktiziert wird, zeigt an, wie weit wir in Bezug auf den großen Abfall vom Glauben schon fortgeschritten sind. Umso mehr muss man vor solchen Irrtümern warnen.

Schon der Gedanke, dass man Jesus einfach so erscheinen lassen kann, wenn man Lust dazu hat, müsste jeden Christen erschrecken. Sollte man den Herrn der Schöpfung einfach per Knopfdruck bzw. per Psychotechnik herbeirufen und in Dienst nehmen können? Ist Jesus so eine Art »Geist aus der Flasche«, den wir durch die Kraft unseres Geistes oder unserer Gedanken beschwören können? Doch ganz sicher nicht! Aber wer oder was ist dann diese Gestalt, die visualisierenden Menschen so real wird und den Christen als »Jesus« erscheint? Es ist ja nicht zu leug-

---

90 Arline Westmeier, *Die verletzte Seele heilen,* Wuppertal 1988, S. 61-66.

nen, dass tatsächlich ein Kontakt zu einem Geistwesen hergestellt wird. Die einzige Erklärung ist wohl die, dass es sich um dieselben dämonischen Wesen handelt, die sich den Okkultisten als »Geistführer« darstellen. Wenn nun ein Christ Jesus visualisiert und ihn dann scheinbar leibhaftig vor sich sieht, dann merkt er nicht, dass er damit genauso vorgeht wie die Schamanen, die immer betonen, dass auf diese Weise ein »magisches Tor« im Bewusstsein geöffnet wird, das zu der Welt der Geister führt.

Ruhen im Geist als Therapiemethode

Nun kommen wir zu dem beunruhigendsten Phänomen innerhalb der Charismatischen Bewegung, dem sog. »Erschlagen-Werden-im-Geist« (»slain in the spirit«) oder »Ruhen im Geist«, wie es mittlerweile genannt wird, um die Aufmerksamkeit von dem anstößigen Rücklingsstürzen abzulenken und mehr auf die Auswirkung zu richten, die als ein »Ruhen« geschildert wird. Es handelt sich um die Tatsache, dass in charismatischen Versammlungen – und nur dort – immer wieder Menschen wie vom Blitz getroffen rücklings zu Boden stürzen. Dieses Phänomen, das seit 1994 im Zusammenhang mit dem sogenannten »Toronto-Segen« vermehrt auftritt, ist keineswegs neu. Es ist schon 1909 zu Beginn der deutschen Pfingstbewegung in Kassel aufgefallen und in der Berliner Erklärung als ein Beispiel für dämonische Wirkungen aufgeführt: »Der Geist dieser Bewegung bringt geistige und körperliche Machtwirkungen hervor; dennoch ist es ein falscher Geist: Er hat sich als solcher entlarvt. Die hässlichen Erscheinungen wie Hinstürzen, Gesichtszuckungen, Zittern, Schreien, widerliches lautes Lachen usw. treten auch diesmal in Versammlungen auf. Wir lassen dahingestellt, wie viel davon dämonisch, wie viel hysterisch oder seelisch ist; – gottgewirkt sind solche Erscheinungen nicht.« Zu dieser Beurteilung kann man auch aus heutiger Sicht nur noch »Amen« sagen. Phänomenologisch gesehen müssen wir zu dem Urteil kommen, dass es sich hier um denselben Geist handelt, der schon zu Beginn der Pfingstbewegung wirksam war.

Die Versuche, das »Ruhen im Geist« biblisch zu belegen, sind mühsam und wenig überzeugend. In nahezu allen Schriftstellen, die ein Umfallen erwähnen, wird klar gesagt, dass die Betroffenen auf ihr Angesicht fielen (z. B. Ri 13,20; Hes 1,28b–2,2; Dan 8,18; Mt 17,6). Das entspricht auch der Ehrfurcht, die ein Mensch in der Gegenwart Gottes hat. Selbst vor irdischen Hoheiten beugt man sich mit dem Gesicht zur Erde.

Seltsam mutet es an, wenn katholische Mystiker als Zeugen ins Feld geführt werden, wie z. B. *Teresa von Ávila* und *Johannes Tauler*. Wenn im Dienst dieser sogenannten »Heiligen« solche Umfall-Phänomene vorgekommen sein sollten, dann könnten sie in der Tat von derselben Quelle stammen wie die Phänomene im charismatischen Umfeld, ist doch der innere Zusammenhang des Pfingstlertums und der mittelalterlichen Mystik unverkennbar. Für einen nüchternen Christen und Kenner der Mystik würde eine solche Parallelität allerdings eher ein Alarmsignal darstellen!

Dieses sogenannte »Ruhen im Geist« ist nun ebenfalls ein methodisches Element charismatischer Seelsorge.[91] Angeblich würden in der Phase des Ruhens des Öfteren verborgene Dinge im Leben des Ratsuchenden aufgedeckt. So führt der ehemalige Dominikaner-Pater und katholische Theologie-Professor Francis MacNutt, der sich später auf das Gebet für Kranke spezialisierte, folgende Erfahrung an: »Einem Mann in Glaubensschwierigkeiten, Selbstunsicherheit und suizidalen Impulsen zeigte der Heilige Geist während des Ruhens ein Kinderkarussell, und ihm wurde deutlich, dass er sich eigentlich immer nur um sich selbst drehte.« Er behauptet, dass während des Ruhens auch körperliche Heilung und Befreiung von Dämonen geschieht.[92] Man bezeichnet das »Ruhen im Geist« als Geistesgabe, obschon man wissen müsste,

---

91 Ich beziehe mich dabei auf einen Artikel von *Werner May*, dem Leiter von IGNIS, und auf ein persönliches Gespräch, das ich mit ihm 1990 zu dieser Thematik hatte. Er schreibt: »Kommen Klienten zu mir, die erregt oder abgespannt sind, biete ich ihnen an, zu Beginn des Gesprächs um ein Ruhen im Geist zu beten.« IGNIS-Journal 1/90, S. 50-53.

92 Francis MacNutt, *Beauftragt zu heilen*, Köln, Steyr, 1979, S. 51, 126.

dass es unter den Charismen, die die Bibel nennt, nicht zu finden ist. Das zeigt den sehr sorglosen Umgang mit dem Wort Gottes, wie er für Charismatiker kennzeichnend ist. In den IGNIS-Therapiekursen wird das »Ruhen im Geist« explizit gelehrt.[93] In einer Befragung von 24 Kursteilnehmern gab nur einer an, bislang noch nicht im Geist geruht zu haben. Zwanzig der Teilnehmer setzten die Methode auch selbst in ihrer Seelsorge ein.[94]

IGNIS und innere Bilder

Wenn man von einem charakteristischen Merkmal charismatischer Seelsorge sprechen kann, dann wäre es wohl die Erwartung, dass Gott direkt und unmittelbar zu dem Seelsorger spricht und ihm mittels innerer Bildvorstellungen eine Weisung für die Seelsorge gibt. In dem Konzept von IGNIS von den sieben Phasen kommt dieser Aspekt in der Phase 3 zur Geltung: »Stille vor Gott«.[95] Nach dem Sammeln von Informationen wird bewusst eine Zeit der Stille eingeführt, in der Seelsorger und Ratsuchender auf Gott hören und ihn um Lösungen und Antworten bitten sollen. Grundsätzlich wäre dagegen nichts einzuwenden. Es ist sicher ein Manko in der heutigen Seelsorge, dass man vor lauter Methodengläubigkeit sich kaum noch von Gottes Hilfe abhängig weiß und mit ihr auch nicht mehr konkret rechnet. Während des ganzen Seelsorgeprozesses sollte der Seelsorger auf den Herrn ausgerichtet bleiben. Eine Zeit der Stille und des Gebets könnte in diesem Sinne hilfreich sein. Das Problem bei IGNIS liegt also nicht in der Hinwendung zu Gott, sondern in der Erwartung, dass Gott unmittelbar durch innere Bilder in den Seelsorgeprozess eingreift und Weisung erteilt. Solche Bilder und Eindrücke, die mehr

93 Um Verwechslungen vorzubeugen, verweise ich darauf, dass IGNIS und de'ignis nicht dieselbe Organisation sind. IGNIS ist in Kitzingen beheimatet, bietet dort eine Psychologie- und auch Seelsorge-Ausbildung an. De'ignis kommt ursprünglich von IGNIS her und ist Träger einer psychosomatischen Klinik in Egenhausen im Schwarzwald.

94 Werner May im IGNIS-Journal 1/90, S. 53.

95 IGNIS-Akademie (Hrsg.), *Das Seelsorge-Gespräch: Sieben Phasen, die Gott Raum geben*, Kitzingen, 1998.

oder weniger deutlich vor dem inneren Auge des Seelsorgers entstehen, sind natürlich sehr vieldeutig: »Im Bereich des direkten Hörens auf Gott im Gebet erfolgt der Empfang üblicherweise als innerer Eindruck, der sich nicht auffallend von eigenen Gedanken oder Fantasien unterscheidet. Es sind feine, zum Teil individuell verschiedene Besonderheiten, die mich die ›Stimme Gottes‹ identifizieren lassen, manchmal sogar nur die Tatsache, dass ein Gedanke, ein Fantasiebild etc. unmittelbar der Bitte und Erwartung an Gott folgt.«[96]

Die IGNIS-Mitarbeiter sind sich wohl bewusst, dass es hier leicht zu einer Täuschung kommen kann, dass etwa die Stimme des eigenen Herzens mit der Stimme Gottes verwechselt werden kann. Deshalb führen sie insgesamt acht Prüfkriterien an. Es ist allerdings anzunehmen, dass diese Kriterien in der Praxis kaum zum Tragen kommen, zumal einige schwer zu verifizieren sind: Wer kann den Einfluss seiner Vorerfahrungen einschätzen, wer den Stand seiner geistlichen Reife oder das geistliche Umfeld, wer gibt sich ehrlich Rechenschaft über seine natürlichen Neigungen? Auch die Auswirkungen bzw. Früchte solcher Seelsorge sind schwer fassbar, zumal sie – wenn überhaupt – erst in größerem zeitlichen Abstand sichtbar werden. Was aber schwerwiegender ist, ist die Tatsache, dass es für diese Praxis keine biblische Begründung gibt. Man darf ja nicht übersehen, dass solche Bilder den Rang einer Prophetie haben, dass sie als direkt von Gott inspirierte Hinweise absolut ernst zu nehmen sind. Im Grunde handelt es sich bei diesem Warten auf innere Bilder um eine passive Form von Visualisierung, eine mystische Innenschau, die sich in ihrer Grundstruktur nicht unterscheidet von den Praktiken, die Okkultmedien zwecks Tranceinduktion einsetzen.

Darf ich ein Beispiel geben, das meiner Frau von einem leitenden IGNIS-Mitarbeiter 1998 erzählt worden ist? Dieser Mitarbeiter sagte, er habe während eines seelsorgerlichen Gesprächs mit

96 IGNIS-Akademie (Hrsg.), a. a. O., S. 86.

einem Mann ein inneres Bild empfangen, das folgendermaßen aussah: Gott habe ihm seine geöffnete Hand hingehalten, und darauf habe er eine Leber gesehen. Er habe daraufhin Gott gefragt, was das zu bedeuten habe. Da habe Gott zu ihm gesagt: »Lies doch mal von hinten.« Er habe das getan, und es habe sich das Wort »Rebel« ergeben. Darauf habe er den Ratsuchenden gefragt, ob dieser etwas damit anfangen könne. Der habe dann gemeint, das sei sicher ein Hinweis darauf, dass er gegenüber seinem Arbeitgeber rebellisch sei. Somit habe dieses Bild eine wichtige Hilfe für die Seelsorge dargestellt. Es soll dem Leser überlassen bleiben, dieses Beispiel zu beurteilen. Nirgendwo sonst tritt der Hang der Charismatiker zur Mystik stärker in Erscheinung als in dieser Versenkung nach innen, um dort eine Begegnung bzw. ein Reden Gottes zu erfahren.

Das Katathyme Bilderleben

Eine weitere psychotherapeutische Methode, die mit der inneren Bilderwelt der Menschen arbeitet, ist das »Katathyme Bilderleben«, eine Methode, die mit intensiven Visualisierungen in Form von Tagträumen arbeitet. Auch dieser Methode haben Christen sich bemächtigt und integrieren sie in ihre Seelsorge. So wirbt eine Seminarleiterin für ihr Seminar: »›Gottsuche in der Katathym-imaginativen Psychotherapie‹: Im entspannten Zustand des therapeutischen Tagtraums wird offenbar, was viele meiner KlientInnen noch nicht hätten formulieren können: ihre Sehnsucht nach Gott. Wie erkennen wir PsychotherapeutInnen die Situationen, Stimmungen, Orte und Gestalten in der Imagination, die spirituelle und heilige Qualität besitzen, und wie können wir deren heilende Wirkung im Therapieprozess fördern?«[97] Mir mangelt es offenbar an der Fähigkeit zur Imagination, denn ich kann mir partout nicht vorstellen, dass Paulus seinen Zeitgenossen das Evangelium mittels evozierter Tagträume vermittelt haben könnte.

97 So wurde beim Internationalen Kongress der »Akademie für Psychotherapie und Seelsorge« in Marburg, Juni 2003, eines der Seminare vorgestellt.

Christliches Familienstellen

Schon vor nahezu 50 Jahren hat Virginia Satir während ihrer Tätigkeit am Esalen-Institut[98] in Kalifornien die Systemische Familientherapie entwickelt, in der die Familie als System verstanden wird, in dem die Wechselwirkungen der einzelnen Glieder untereinander berücksichtigt werden. Je nach Grundausrichtung (humanistisch oder analytisch) wird mit Metaphern, Meditation, Hinführung zu Trance und Familienskulpturen gearbeitet.

Der systemische Ansatz als Ganzes kann und soll hier nicht diskutiert werden. Es geht mir an dieser Stelle speziell um die Methodik der Familienskulptur bzw. des Familienstellens, und zwar in ihrer neueren Ausgestaltung, wie sie mit dem Namen Bert Hellinger verbunden ist. In der Familientherapie soll mithilfe solcher Aufstellungen rational-verbales Verhalten ausgeschaltet werden, um Abwehr zu umgehen und der Emotionalität Raum zu geben. Man möchte auf diese Weise familiäre Beziehungsmuster bewusst machen.

Bei Hellingers Aufstellungen allerdings handelt es sich um eine gezielt aufgebaute Situation, in der Menschen unbewusst beeinflusst werden können. Dabei bleibt letztlich fraglich, wie viel vom Therapeuten dem Klienten aufgedrückt wurde. Während nach Satir Therapeut und Klient Lösungsmöglichkeiten im engen Dialog gemeinsam entwickeln, verwandelt sich bei Hellinger die Familienaufstellung in ein schicksalhaftes Orakel. Diese fragwürdige »Weiterentwicklung« wird sogar vom *Fachverband für Systemische Therapie und Familientherapie* abgelehnt. Das verhindert aber nicht, dass mittlerweile viele christliche Werke in ihren Ausbildungsgängen für Seelsorge diese Methodik favorisieren und sie

98 Das Esalen-Institut war lange Zeit Ideenschmiede für viele humanistisch-esoterische Therapiekonzepte. Es ist verbunden mit Namen wie Joseph Murphy, Gregory Bateson, Virginia Satir, Alan Watts, Ida Rolf, Fritz Perls, Sam Keen, Fritjof Capra, Carlos Castaneda, Stanislav Grof und Aldous Huxley, um nur einige zu nennen. Die »Human-Potential-Bewegung« (der psychologische Zweig der New-Age-Bewegung) nahm von dort aus ihren Anfang. Esalen wurde zur Wallfahrtsstätte für schwärmerische Humanisten und New-Age-Jünger.

auch im Ideenheft zum »Jahr der Stille 2010« erwähnt wird. Ich möchte dieses Familienaufstellen kurz darstellen.

Wie Familienstellen funktionieren soll

Die Aufstellungen werden immer in einer größeren Gruppe durchgeführt, wobei die meisten nur Zuschauer sind. Einer aus der Gruppe schildert zunächst in wenigen Sätzen sein Problem. Anschließend wählt er aus dem Publikum sogenannte »Stellvertreter« für seine Familienangehörigen und auch für sich selbst aus und stellt sie auf. Das können im Prinzip auch Personen sein, die nicht mehr leben. Anschließend rückt der Therapeut die Stellvertreter in verschiedene Positionen und fragt sie nach ihren Gefühlen. Nach Hellingers Lehre soll dabei ein »wissendes Feld« entstehen, in dem die Stellvertreter angeblich genauso empfinden wie die echten Familienmitglieder. Auf diese Weise bringt der Therapeut angeblich schuldhafte Verstrickungen in der Familie ans Licht wie Adoption, Abtreibung, Selbstmorde, eheliche Untreue, Scheidung, Missbrauch, Bevorzugung des jüngeren Sohnes vor dem älteren, was der Ursprungsordnung widerspricht.[99] Solche autoritär-patriarchale Ordnungsideen durchziehen das ganze System. So kommt es etwa vor, dass eine Frau sich vor dem Stellvertreter ihres Vaters, der sie als Kind missbraucht hat, niederknien und ihm mit einem »Danke, Papa« ihre Ergebenheit versichern soll.

Folgendes Beispiel aus einer Reportage über Hellingers Familienaufstellung in »Zeit online« zeigt auf, dass die Nebenwirkungen dieser abstrusen Mischung aus esoterischem Rollenspiel und reaktionär-autoritärer Ideologie ein erschreckendes Ausmaß annehmen können: »Ein getrennt lebendes Paar möchte klären, bei wem von ihnen die vier Kinder besser aufgehoben sind. Der

99 Hellinger schreibt: »Das Sein wird durch die Zeit definiert und *bekommt seinen Rang durch die Zeit*. Es wird strukturiert durch die Zeit. Wer zuerst in einem System da war, hat Vorrang vor dem, der später kommt.« Bert Hellinger, *Ordnungen der Liebe*, Heidelberg, 1995, S. 44.

Mann stellt sich auf, seine Frau ist mit auf der Bühne. Hellinger schaut sich die Aufstellung an und deutet auf den Mann: ›Dort sitzt die Liebe!‹, und zur Frau gewandt: ›Und hier sitzt das kalte Herz!‹ Zum Publikum sagt er: ›Die Kinder sind bei der Frau nicht sicher. Sie gehören zum Mann.‹ Und dann: ›Die Frau geht. Die kann keiner mehr aufhalten. Das kann auch Sterben bedeuten.‹ Wortlos verlässt die Klientin den Saal. Für die Zeit nach dem Seminar hatte die junge Ärztin bereits einen Umzug geplant und sich für medizinische Weiterbildungskurse angemeldet. Einen Tag nach der Aufstellung mit Bert Hellinger nimmt sie sich das Leben. In ihrem Abschiedsbrief an die Familie schreibt sie: ›Vielleicht gibt es Menschen, die so viel Schuld auf sich laden, dass sie kein Recht mehr haben zu leben. Und wenn es für die Kinder die Ordnung herstellt, will ich meinen Teil dazu tun, auch wenn es nicht das ist, was ich mir wünsche.‹«[100]

Nach alledem bleibt die Frage, was wohl an dieser Methode »christlich« sein soll. Hellinger weilte als katholischer Missionar in Südafrika und wurde dort offensichtlich von dem animistischen Geister- und Ahnenkult der Zulus stark beeinflusst. Die Zulus sehen als Ursache von Unheil und Krankheit Verhexung, Verfluchung, Einflüsse von bösen Geistern und das »Gramsein« der Ahnen an, die man nicht genügend gewürdigt und denen man nicht genügend geopfert hat.

Das Wort »würdigen« ist so etwas wie ein Schlüsselbegriff in der Lehre Hellingers. Von einer Frau, die von ihrem Vater in ihrer Kindheit aufs Grausamste misshandelt und gedemütigt worden war, wurde in einer Aufstellung verlangt, Folgendes zu sagen: »Papa! Lieber Papa, ich brauche dich so nötig! Lieber Papa, ich habe dich so lieb! Lieber Papa, meine Sehnsucht nach dir ist ganz groß, so wie die ganze Welt! Danke, lieber Papa, danke für deine

100 Artikel aus »Zeit online«: http://www.zeit.de/2003/35/Hellinger-Haupttext?page=all.

Liebe!«[101] Die Lehre und Methode Hellingers ist im Grunde eine Mischung aus Erkenntnissen der Systemischen Familientherapie, rationalistischer Theologie, humanistischer Psychologie und faschistoidem, vom Schamanismus geprägtem Denken. Zudem hat sein Erklärungssystem viel gemeinsam mit der unbiblischen Lehre, dass Christen unter dämonischen Bannwirkungen stehen können, weil ein Vorfahre sich durch Okkultbetätigung schuldig gemacht hat.[102] Im charismatischen Umfeld ist es Derek Prince, der mit seinen Veröffentlichungen die Angst vor den Auswirkungen einer Verfluchung weckte.[103] Hier wird animistischer Aberglaube mit einem biblischen Mäntelchen versehen.

Heilsbedeutung von Familienstellen

Wie man das Wort Gottes missbrauchen kann, um unbiblische Methoden wie die Familienaufstellung zu christianisieren, macht folgende Werbung für ein Seminar über »Christliches Familienstellen« deutlich:

»›Stellt euch nur auf und bleibet stehen und sehet, wie der HERR euch Rettung schafft‹ (2Chr 20,17). Es ist, als wenn dieses Wort aus dem Ersten Testament die heilsame Dimension der Familien- und Organisationsaufstellung beschreibt. Die entsprechende systemische Methode kann messianisch, d. h. lebenspraktisch im Geist der Erlösung und Befreiung angewandt werden. Unsere Ausbildung vermittelt eine besonders effektive Methode zur geistlichen Begleitung. Die Lösungsarbeit am Beziehungsgefüge der natürlichen Herkunftsfamilie bildet die Basis des Familienstellens. Die Erfahrung zeigt, dass geistige Verstrickungen eine befreiende Lösung für den Aufstellenden behindern können. Das Christliche Familienstellen bietet hier einen Ansatz, der geistig seelische

---

101 Elisabeth Reuter, *Gehirn-Wäsche. Macht und Willkür in der »systemischen Psychotherapie« nach Bert Hellinger,* Peter Lehmann Antipsychiatrieverlag, Berlin, S. 132.

102 Auf diese Irrlehre, bei der man sich auf 2. Mose 20,5b-6 beruft, gehe ich ausführlicher ein in: Roland Antholzer, *Mächte der Bosheit. Okkultbedrohung und Seelsorge,* Schwengeler Verlag, Berneck, 1998, S. 76ff.

103 Derek Prince, *Flüche – Ursachen und Überwindung,* Internationaler Bibellehrdienst, Trostberg, 2004. Ders.: *Segen oder Fluch – Sie haben die Wahl,* 2003.

Blockaden durch Repräsentanten sichtbar werden lässt. ... Endlich sind wir zu einem Leben befreit, in dem unser Schöpfer unserer tiefen Sehnsucht nach Liebe begegnen kann.«[104] Dem Familienstellen wird hier geradezu eine Heilsbedeutung zugeschrieben! Eines von vielen Beispielen, wie eine ideologisch bestimmte Psychologie zum Heilsersatz wird.

Wie stark die Mystik auf dem Weg über die Psychologie bzw. Psychotherapie in den christlichen Raum Eingang findet, zeigt eine Seelsorgetagung im Schloss Craheim auf, die folgendermaßen angekündigt wird: »Trotz erlebter Begleitung scheinen manche Probleme sich nicht oder nur kaum zu verändern, sie verfolgen uns durch unser Leben. Daran wird deutlich, dass Heilung unserer Seele und unserer verletzten Erinnerungen ein Prozess ist, der Zeit braucht. In dieser Woche soll Ihre Seele diese Zeit haben, um sich noch tiefer für Heilungsprozesse zu öffnen, Zeit zur Selbstwahrnehmung zu haben, und Zeit, dem eigenen inneren Gespräch zu lauschen.«[105] Kurse mit dem Titel »Persönlichkeitsentfaltung anhand des Enneagramms« (eine typologische Charakterlehre, die von den islamischen Mystikern der Sufis stammt) oder »Seelsorge kreativ – mit meditativem Blumenstecken« zeigen einen starken Hang zur Mystik. Sind das alles nicht recht verkrampfte Bemühungen, zur Ruhe und Stille zu kommen? Gibt es nicht für Christen den viel einfacheren Zugang?

Zur Ruhe kommen – warum nicht bei Jesus?

Noch einmal: »Kommt her zu mir alle, die ihr mühselig und beladen seid, so will ich euch erquicken! Nehmt auf euch mein Joch und lernt von mir, denn ich bin sanftmütig und von Herzen demütig; so werdet ihr Ruhe finden für eure Seelen! Denn mein Joch ist sanft, und meine Last ist leicht« (Mt 11,28-30).

---

104 Aus einem Flyer zu einem Seminar der Akademie St. Paul über »Christliches Familienstellen«.

105 Unter »Tagungen« auf http://www.craheim.de finden sich neben dem angeführten Zitat Seminarangebote zur Inneren Heilung, zum Familienstellen und zum Enneagramm.

»Nehmt auf euch mein Joch!« Seltsam: Jesus ruft diejenigen, die unter ihrer Last ohnehin schon fast zusammenbrechen, und bietet ihnen sein Joch an. Will er diesen Menschen noch mehr aufbürden? Ganz sicher nicht. Er sagt ja gleichzeitig: »Mein Joch ist sanft und meine Last ist leicht.« Ein Joch ist ein Gerät, das einem Zugtier oder einem Paar von Zugtieren angelegt wurde, damit es mittels desselben eine Last ziehen bzw. eine Arbeit verrichten konnte. Wenn die Last schwer war, wurde das Joch zu einem »schweren Joch«.

Wenn Jesus von seinem Joch spricht, dann bürdet er uns nicht irgendeine Last auf, die er selbst nicht zu tragen bereit wäre. Er macht es nicht wie die Pharisäer und Schriftgelehrten, denen er einmal ebendiesen Vorwurf machte: »Wehe euch, ihr Schriftgelehrten und Pharisäer, ihr bürdet anderen Lasten auf und ihr selbst rührt sie mit keinem Finger an.« Wenn Jesus uns dazu aufruft, sein Joch auf uns zu nehmen, so will er damit sagen: »Lasst euch mit mir zusammenspannen in ein Doppeljoch. Lasst euch in die Lebens- und Dienstgemeinschaft mit mir rufen!« Die Last, die er uns aufbürdet, die trägt er selbst mit. So sorgt er dafür, dass uns diese Last nicht zu schwer wird und uns nicht niederdrücken kann.

Im Grunde ist dem Gedeihen unseres inneren Menschen nichts vorteilhafter als eine Last, die uns der HERR zu tragen gibt. Sie macht geduldiger, abhängiger, widerstandsfähiger und treibt uns ins Gebet. In Arabien legt man der jungen Palme einen schweren Stein in die Blätterkrone, um den Baum im Wachstum zu hemmen. Der Baum schießt dann nicht so weit in die Höhe, der Stamm wird stärker und kräftiger, das Holz fester, die Frucht wird zahlreicher und ist obendrein leichter zu ernten. So ein Joch ist zunächst für die Arbeit da, und es erleichtert die Arbeit um ein Beträchtliches. Wie würde es den Tieren gehen, wenn sie einen schweren Wagen ziehen sollten, ohne ein Joch zu haben? Die Stricke würden ihnen schmerzhafte Wunden in ihr Fleisch schneiden. Ja, sie wären gar nicht imstande, ihre Last zu ziehen. Und genauso ist es mit dem

Joch, das Jesus seinen Gefolgsleuten auferlegt. Es erleichtert die Arbeit, ja macht erst fähig, sie zu tun. Wir sehen also, dass die Lasten, die uns der HERR selbst auferlegt, uns immer zum Besten dienen sollen.

Jesus ruft also alle Mühseligen und Beladenen zu sich. Er verspricht ihnen Ruhe und Frieden. Aber kommen sie auch, die Gerufenen? Kommen sie mit ihrer Schuld, mit ihrer Last, mit allen ihren Zweifeln, Enttäuschungen, Verletzungen, Vorbehalten, Ängsten und Sorgen? Oder wo gehen sie sonst damit hin? Zu einem Psychotherapeuten? Aber kann er auch helfen? Suchen sie nicht eigentlich eine Hilfe, die kein Mensch uns geben kann?

Das Versprechen, das Jesus hier gibt, ist klar und eindeutig formuliert: »So werdet ihr Ruhe finden für eure Seelen.« Wir haben gesehen, dass all die mystischen und psycho- bzw. pseudotherapeutischen Praktiken nicht den wahren Herzensfrieden vermitteln können. Sie wirken bestenfalls beruhigend, und das auch immer nur kurzfristig. Deshalb wird man ja irgendwann abhängig von dem, womit man sich beruhigt. Die Ruhe, die Jesus anbietet, ist von ganz anderer Qualität. Es ist eine Ruhe, die ihren Grund nicht im Irdisch-Sichtbaren hat, sondern in der Ewigkeit. Es ist eine übernatürliche Ruhe, was sich nicht zuletzt darin beweist, dass sie allen natürlichen psychologischen Gesetzen widerspricht.

Jesus möchte uns diese Ruhe schenken. Er möchte, dass wir zur Ruhe kommen von unserem Jagen nach falschen selbst gesteckten Zielen; er möchte, dass wir zur Ruhe kommen von unseren unnützen und vergeblichen Versuchen, ihm durch eigene Werke gefallen zu wollen; er möchte, dass wir zur Ruhe kommen von unserem Bemühen, unserem Leben Bedeutung und Sicherheit zu geben, vor unseren Sorgen und Ängsten. Jesus hat uns Ruhe verheißen, Ruhe für unsere Seelen. Nehmen wir doch sein Joch (Kreuz) auf uns, werden wir gelehrige Schüler in der Lebensgemeinschaft mit ihm. Allerdings: Sein Rezept steht im krassen Gegensatz zu dem, was die Mystiker und Seelenärzte verschreiben. Denn wahre Gotteserfahrungen wird der Christ nur dort haben, wo er aus Glauben lebt, aus einem Glauben, der sich auf das Wort Gottes stützt. Dazu kann manchmal die Stille der Einsamkeit hilfreich sein, um ohne äußere Ablenkung sich dem Gebet und dem Lesen des Wortes Gottes widmen zu können. Dazu muss er sich aber ganz gewiss nicht irgendwelcher meditativer Techniken bedienen. Als Gotteskinder haben wir doch das Leben Christi in uns, und dieses Leben birgt alles in sich, was wir so schmerzlich vermissen und so dringend brauchen. Wahre Seelsorge bemüht sich deshalb, dem Ratsuchenden die im Christen innewohnenden Ressourcen zugänglich zu machen. Sie werden da zur Auswirkung kommen, wo er bereit ist, mit seinem ungebrochenen Selbstleben ans Kreuz zu kommen und Christus in sich herrschen zu lassen. Dass dieses Rezept zur Heilung (auch und gerade zur inneren Heilung) führt, bezeugt Paulus so: »Ich bin mit Christus gekreuzigt; und nun lebe ich, aber nicht mehr ich selbst, sondern Christus lebt in mir. Was ich aber jetzt im Fleisch lebe, das lebe ich im Glauben an den Sohn Gottes, der mich geliebt und sich selbst für mich hingegeben hat« (Gal 2,20). Wenn es einen Königsweg zum inneren Frieden gibt, dann ist es dieser. Zur Ruhe kommen, ja! Aber eben nicht auf der Couch, sondern am Kreuz. Dort wird wahr, was Paulus den Kolossern wünschte: »Der Friede Gottes regiere in euren Herzen« (Kol 3,15). Wo Christus, der Fürst des Friedens, regiert, da wird Friede sein. Shalom!

Stille in der Bibel

Eberhard Platte

Ja, wir leben in einer lauten Welt, das wurde am Anfang des Buches schon beschrieben. Und wir können ihr kaum entfliehen. Was soll da das »Jahr der Stille«? Meinen die Initiatoren etwa, mit einem Aufruf zum Slow-Down, zum Entschleunigen des Alltagstempos, würde es bei uns erträglicher? Habe ich denn Einfluss auf eine lärmende Umwelt? Was nützt es, wenn ich leiser werde? Ja, den Spruch kennen wir alle: »Nur an einer stillen Stelle legt Gott seinen Anker an!« Aber wie kann ich in der Hektik meines Alltags zur Ruhe kommen, um auf Gott zu hören und über mich selbst nachzudenken?

Und ist es in unseren Gemeinden denn leiser? Je jünger die Gemeinde ist, desto lauter scheint es vor den Stunden und in den Pausen zu sein, sodass man lautstark zur Stille rufen muss … Vor Kurzem war ich in einer Gemeinde zu Besuch. Es wurde das Lied »In der Stille angekommen« mit kräftigem Schlagzeug, Bongos und E-Gitarre unterstützt, sodass niemand mehr den Text verstand … »Ruhe, Geschwister! Wir wollen anfangen!«, klatschte der Gemeindeleiter in die Hände und klopfte aufs Podium.

Stille, was sagt die Bibel dazu?

Müssen wir etwa unser Verhalten neu überdenken? Das Internet-Lexikon Wikipedia definiert »Stille« so:
»Geräuschlosigkeit. Sie beschreibt im Deutschen die empfundene Lautlosigkeit, die Abwesenheit jeglichen Geräuschs, aber auch die Bewegungslosigkeit, die Ruhe. Die absolute Steigerung ist die Totenstille.
Stille im Sinne von ruhiger Umgebung kann wegen der Abwesenheit von störenden Geräuschen beruhigend wirken, die

Konzentration auf eine Tätigkeit, die Leistungsfähigkeit und das Wohlbefinden steigern.
Der Mensch ist Geräuschen ausgeliefert, er agiert in seiner Geräuschkulisse. Der Hörsinn ist für den Menschen nicht beeinflussbar oder abschaltbar. Stille ist eine Rahmenbedingung für vielerlei Tätigkeiten oder Bewusstseinszustände:

1. Tätigkeiten, die vorwiegend auf den Hörsinn aufbauen, benötigen häufig Stille, obwohl sie selbst die Stille stören: Musizieren, Telefonieren etc.
2. Stille ist auch eine Voraussetzung für die Konzentration des menschlichen Gehirns bei intensiven Denkprozessen. Pädagogen gehen davon aus, dass die Stille dem Lernprozess förderlicher ist als ablenkende Geräusche.«

Aber hat uns Gott nicht zwei Ohren gegeben? Hat er uns damit nicht auf Geräusche, Töne und Schall angelegt? Und sicherlich nicht, um sie »auf Durchzug« zu stellen! Er hat zweifellos die Genialität der Schallwellen erfunden und uns damit für die Kommunikation vorbereitet. Es lohnt, sich einmal bewusst mit diesem Wunder des Hörens und Sprechens näher zu befassen.

Der das Ohr gebildet hat … – die Flatrate zu Gott

Wenn Gott als Planer und Konstrukteur dieses hochsensiblen Akustik-Organs uns in seinem Wort, der Bibel, auffordert: »Wer ein Ohr hat, höre, was der Geist Gottes sagt« (vgl. z. B. Offb 3,13), dann können wir voraussetzen, dass er selbst der Inbegriff des Hörens ist. Und das bestätigt er in seinem Wort an vielen Stellen, ja, er fordert dich geradezu dazu auf, mit deinen Anliegen und Nöten zu ihm zu kommen, ihn anzurufen: »Rufe mich an in der Not, so will ich dich erretten und du sollst mich preisen« (Ps 50,15). Und für dieses Hören auf Gott brauche ich Stille und innere Ruhe.

Die Psalmdichter Israels haben davon gewusst und den hörenden Gott Israels mit ihren Anliegen bestürmt. Und du darfst von ihnen lernen, Gott alles im Gebet zu sagen, zu jeder Tages- und Nachtzeit – immer. Er hat sozusagen »durchgehend geöffnet«! Oder wie ein junger Mann es ausdrückte: »Ich gebrauch die Flatrate zu Gott!«

Doch wie wenig nutzen wir die Stille vor Gott, um mit ihm zu reden und auf ihn zu hören. Oft ist der Lärm in uns stärker als die Geräusche um uns.

Gott gibt immer beides: Ton und Stille, Arbeit und Ruhe, Hektik und Besonnenheit

Gleichzeitig mit den Geräuschen, mit den Tönen und Schallwellen hat Gott auch die Stille gegeben, mit der Arbeit auch die Ruhe, mit allem Beschäftigtsein auch die Besonnenheit!

Nachdem Gott die Welt erschaffen hatte, ruhte er am siebten Tag (1Mo 2,2). Diese Ruhe beschreibt den Zustand nach vollendetem Werk. Damit gibt Gott uns gleich zu Beginn der Menschheit eine wichtige Regel vor: Die Ruhe, die innere und äußere Stille, ist für uns im Alltag notwendig. Und offenbar nicht nur für uns Menschen: Gott gab seinem Volk den Sabbat, den Tag der Ruhe in jeder Woche (2Mo 16), dazu – wenn sie im verheißenen Land zur Ruhe gekommen wären – das Sabbatjahr alle sieben Jahre und das Erlassjahr (Halljahr) in jedem 50. Jahr (3Mo 25). Ausdrücklich betont Gott dabei, dass das Land ebenso wie der Mensch seine Ruhe haben soll, um sich zu erholen. Nebenbei bemerkt begründet Gott die Dauer der 70-jährigen babylonischen Gefangenschaft damit, dass das Volk dem Land die Ruhe der Sabbatjahre nicht gegeben hatte (3Mo 26,34-35; 2Chr 36,21). Wahre Ruhe finden wir Menschen nur in der Gemeinschaft mit Gott. Der Schreiber des Hebräerbriefs erläutert, dass das Volk damals, als es in das Land der Verheißung eingezogen war, diese wirkliche Ruhe noch nicht erreicht hatte. Die Israeliten lebten nicht in dieser echten Gemeinschaft mit ihrem Gott. Sie taten ein jeder, was recht war in seinen Augen (vgl. Ri 21,25). Gott hat für sein Volk noch eine wahre

Sabbatruhe vorgesehen (Hebr 4,9), die sich mit dem sogenannten Tausendjährigen Reich erfüllen wird – dann, wenn er es zur wirklichen Ruhe in der Gemeinschaft mit ihm geführt haben wird.

Unsere Unruhe kommt durch den Sündenfall

Durch den Ungehorsam Adams kam nicht nur die Sünde in diese Welt, sondern auch die Unruhe, die Hektik und vor allem die innere Unruhe. Hiob beschreibt es so: »Der Mensch, von der Frau geboren, lebt kurze Zeit und ist mit Unruhe gesättigt« (Hi 14,1; 7,1; vgl. 1Mo 3,17-19; 4,12). Und David sagt: »Nur als ein Schattenbild wandelt der Mann einher; nur um Nichtigkeit lärmen sie; er häuft auf und weiß nicht, wer es einsammeln wird« (Ps 39,7). Der Herr Jesus zeichnet die hektische Unruhe des reichen Toren auf, der einsammelt und einsammelt, aber das eigentliche Ziel seines Lebens verfehlt (Lk 12,19-21). Auch die Völker, die Gott nicht kennen, werden in der Bibel als unruhige und tobende Menschen beschrieben: »Warum toben die Nationen und sinnen Eitles die Völkerschaften? Es treten auf Könige der Erde, und Fürsten tun sich zusammen gegen den HERRN und seinen Gesalbten: Lasst uns zerreißen ihre Bande und von uns werfen ihre Stricke!« (Ps 2,1-3). Der Kirchenvater Augustinus fasste es treffend zusammen in dem Wort: »Zu deinem Eigentum hast du uns geschaffen, o Herr, und ruhelos ist unser Herz, bis es ruht in dir.«

Zur Stille und Ruhe finden wir nur in Gott

Franz von Assisi sagte: »Wo die Stille mit dem Gedanken Gottes ist, da ist nicht Unruhe noch Zerfahrenheit.« Wie aber können wir, die wir durch die Sünde von der Ruhe Gottes getrennt sind, zur Ruhe zurückfinden? Es ist klar, dass wir nur durch den Herrn Jesus, den Sohn Gottes, zu dieser inneren Stille kommen können.

In Matthäus 11,28-30 lädt der Herr Jesus ein, bei ihm zur Ruhe zu kommen. Er hatte zuvor vom kommenden Gericht gesprochen, doch im Gegensatz dazu macht er deutlich, dass die, die zu ihm kommen, keine Furcht zu haben brauchen: »Kommt her zu mir, alle ihr Mühseligen und Beladenen! Und ich werde euch Ruhe geben. Nehmt auf euch mein Joch, und lernt von mir! Denn ich bin sanftmütig und von Herzen demütig, und ihr werdet Ruhe finden für eure Seelen; denn mein Joch ist sanft, und meine Last ist leicht.«

- Nur durch den Herrn Jesus allein finden wir Ruhe und Frieden mit Gott (Röm 5,1): »Da wir nun gerechtfertigt worden sind aus Glauben, so haben wir Frieden mit Gott durch unseren Herrn Jesus Christus.«
- Nur durch den Herrn Jesus finden wir die Ruhe unserer Herzen (1Joh 3,19-21): »Hieran werden wir erkennen, dass wir aus der Wahrheit sind, und wir werden vor ihm unser Herz zur Ruhe bringen, dass, wenn das Herz uns verurteilt, Gott größer ist als unser Herz und alles kennt. Geliebte, wenn das Herz uns nicht verurteilt, haben wir Freimütigkeit zu Gott.«
- Nur durch den Herrn Jesus bekommen wir Frieden miteinander (2Kor 13,11): »Haltet Frieden! Und der Gott der Liebe und des Friedens wird mit euch sein.«
- Nur durch den Herrn Jesus kommen wir zur ewigen Ruhe (Offb 14,13), dem Ziel der ewigen Gemeinschaft mit Gott in seiner Herrlichkeit.

Diese Ruhe und Stille hat er möglich gemacht, indem er für uns in das Gericht Gottes ging und unsere Unruhe, unsere Rebellion, unsere Schuld und Sünde mit ans Kreuz nahm, um dort für uns zu sterben. Dabei hat er geschwiegen, als man ihn beschuldigte, als man ihn verspottete und geißelte. Gott lässt es mitten am Tag dunkel werden. Wie bedrückend still wird es da geworden sein … – Dann ein markerschütternder Schrei: »Mein Gott, mein Gott! Warum hast du mich verlassen?!« (Mt 27,46). Der Sohn Gottes stirbt für meine Sünde!

Die Möglichkeit, dass ich bei Gott ewig zur Ruhe kommen kann von meinen Sünden, hat Gott seinen Sohn gekostet! Deswegen hat der Herr Jesus am Kreuz geschrien! Kann ich begreifen, wie wertvoll es für Gott ist, dass mein Herz bei ihm zur Ruhe kommt?!

Wenn Gott schweigt …
… dann ist das in der Regel beängstigend. Ja, Gott hat geredet, und wir Menschen sind auf sein Reden angewiesen. Gott hat geredet durch sein Wort, durch seine Propheten und am Ende der Tage durch seinen Sohn Jesus Christus: »Nachdem Gott vielfältig und auf vielerlei Weise ehemals zu den Vätern geredet hat in den Propheten, hat er am Ende dieser Tage zu uns geredet im Sohn« (Hebr 1,1-2). Und er redet auch heute zu uns durch sein Wort (Hebr 13,17), durch die Predigt (Röm 10,14) und durch Ereignisse (Ps 64,10). Aber oftmals schweigt Gott auch! Manches Mal ist das Gericht, oder es geschieht, um Menschen zu prüfen, ob sie dem vertrauen, was Gott bereits gesagt hatte. Oft aber ist sein Schweigen auch eine Antwort! Gott braucht uns Dinge nicht mehrfach zu sagen, und Antworten, die er uns in seinem Wort schon mitgeteilt hat, bedürfen keiner weiteren Antwort. Sein Wort ist Ja und Amen. Ihm dürfen wir vertrauen – auch wenn wir vielleicht gerne manchmal eine andere Antwort hätten.

Wenn Gott für uns kämpft, dürfen wir still zusehen

Kennen wir das Schild, das in jedem Hotelzimmer gleich hinter der Tür angebracht ist? »Verhalten im Brandfall« steht darauf. Paragraf eins lautet dort: »Ruhe bewahren!« Es ist uns klar, dass man sich in kritischen Situationen zur Besonnenheit rufen muss, statt in Hektik zu verfallen. Gott hat das gleiche Anliegen. Es ist ihm wichtig, dass wir bei aller Arbeit und Geschäftigkeit immer wieder zur Stille kommen sollen und vor allem vor ihm ruhig werden.

In manchen schwierigen Situationen hat Gott so sein Volk zur Ruhe aufgefordert. Denken wir an den brenzligen Augenblick, als das Volk nach dem Auszug aus Ägypten vor dem Roten Meer steht und in panischer Angst vor den Ägyptern ist. Gott lässt den

Israeliten durch Mose sagen: »Der HERR wird für euch kämpfen, ihr aber werdet still sein« (2Mo 14,14). Besonders, wenn es um Besinnung und Buße geht, fordert Gottes Wort uns zur Stille auf. So z. B. in Psalm 4,5: »Erbebt, aber sündigt nicht! Denkt nach in eurem Herzen auf eurem Lager, aber seid still!«, oder in Zefanja 1,7: »Seid still vor dem Herrn, HERRN! Denn nahe ist der Tag des HERRN.«

Stille – Voraussetzung, um auf Gott zu hören

Schon die Glaubenden des Alten Bundes suchten die Stille vor Gott: »Rede, denn dein Knecht hört!« (1Sam 3,10). Der Herr Jesus gibt uns gute Hinweise, wie wir in der Hektik unserer Tage zur Ruhe kommen können, um im Gebet vor Gott zu sein, auf ihn zu hören und ihm unsere Anliegen zu sagen. Wie oft hat er selbst es uns vorgemacht, indem er die Stille des frühen Morgens nutzte, um in der Einsamkeit das Gespräch mit seinem himmlischen Vater zu führen (Mk 1,35): »Und frühmorgens, als es noch sehr dunkel war, stand er auf und ging hinaus und ging fort an einen einsamen Ort und betete dort.« Als er seine Jünger das Beten lehrt, sagt er: »Wenn du aber betest, so geh in deine Kammer, und wenn du deine Tür geschlossen hast, bete zu deinem Vater, der im Verborgenen ist! Und dein Vater, der im Verborgenen sieht, wird dir vergelten« (Mt 6,6). Diese stille Zeit mag oft angefochten sein. Deshalb könnte das für dich heute heißen: Wenn du betest, suche dir eine Möglichkeit, wo du nicht abgelenkt wirst. Stell deinen Wecker eine halbe Stunde früher als gewohnt. Schalte das Handy bzw. dein Telefon ab, mach das Radio oder den Fernseher aus. Auch deine Kinder können beizeiten lernen, dass du während deiner Gebetszeit nicht gestört wirst. Dies ist die persönliche Audienzzeit beim Höchsten im Himmel. Er nimmt sich Zeit für dich – deshalb nimm du dir Zeit für ihn!

Gott möchte uns beruhigen

Als das Volk unter Nehemia betroffen vor Gott stand, konnten die Leviten es zur Ruhe ermutigen: »Und die Leviten beruhigten das ganze Volk, indem sie sagten: Seid still, denn der Tag ist heilig! Seid nicht bekümmert!« (Neh 8,11).

Wie häufig mögen wir innerlich unruhig sein durch die Sorgen des Lebens, durch Zweifel oder durch Sünde in unserem Leben. Der weise Prediger weiß um solche Zeiten (Pred 2,23), und auch Jeremia kennt das (Jer 6,16). Sie suchten die Stille vor Gott.

David, der Psalmdichter, hat diese Ruhe vor Gott oft in seinem Leben erfahren und gibt den Rat in einigen Psalmen wieder.

Psalm 37,7: »Sei still dem HERRN und harre auf ihn! Entrüste dich nicht über den, dessen Weg gelingt, über den Mann, der böse Pläne ausführt!«

Psalm 46,2-3: »Gott ist uns Zuflucht und Stärke, als Beistand in Nöten reichlich gefunden. Darum fürchten wir uns nicht, wenn auch die Erde erbebt und die Berge mitten ins Meer wanken.«

Psalm 62,2-9: »Nur auf Gott vertraut still meine Seele, von ihm kommt meine Hilfe. Nur er ist mein Fels und meine Hilfe, meine Festung; ich werde kaum wanken. Wie lange wollt ihr einen Mann bestürmen, morden ihr alle – wie eine überhängende Wand, eine eingestoßene Mauer? Sie planen nur, ihn von seiner Höhe zu stoßen; sie finden Gefallen an der Lüge; mit ihrem Mund segnen sie, doch in ihrem Innern fluchen sie. Nur auf Gott vertraue still meine Seele, denn von ihm kommt meine Hoffnung. Nur er ist mein Fels und meine Hilfe, meine Festung; ich werde nicht wanken. Auf Gott ruht mein Heil und meine Ehre; der Fels meines Schutzes, meine Zuflucht ist in Gott. Vertraut auf ihn allezeit, ihr von Gottes Volk! Schüttet euer Herz vor ihm aus! Gott ist unsere Zuflucht.«

Da können wir mit Paulus sagen: »Wenn Gott für uns ist, wer kann gegen uns sein?!« (Röm 8,31). Was also auch geschieht: »Alle eure Sorge werft auf ihn! Denn er ist besorgt für euch« (1Petr 5,7). Das darf unsere Herzen und unsere oftmals aufgescheuchten Seelen in der Gewissheit zur Ruhe kommen lassen, dass unser großer und treuer Herr für uns sorgt und bei allem den Überblick behält.

Stille vor Gott

In Psalm 65,2 wird eine wohltuende Ruhe empfohlen, die wir vielleicht auch bei unseren Zusammenkünften neu bedenken sollten. Dort heißt es: »Dir gilt Stille, Lobgesang, Gott, in Zion, und dir soll man das Gelübde erfüllen.« In der unrevidierten Elberfelder Bibel wird so formuliert: »Deiner harrt schweigend der Lobgesang!« Offenbar beschreibt der Psalmdichter hier den Augenblick, in dem der Chor vor dem Beginn des Lobliedes aufmerksam auf den Dirigenten schaut. Alle im Saal werden mucksmäuschenstill, sodass man eine Stecknadel fallen hören könnte. Angespannte Stille vor dem Lob Gottes! Oft sehne ich mich danach, wenn wir als Gemeinde zusammenkommen: Stille vor Gott, anbetende Stille, um dann von ganzem Herzen Gott durch Lied und Gebet die Ehre zu geben. Die »stille Kammer« ist kein dunkler Ort, sondern der Raum im hellen Licht Gottes. Als Mose aus der Gegenwart Gottes kam, strahlte sein Gesicht (2Mo 34,30-35). Merken die Menschen in deiner Umgebung, wenn du aus der Gegenwart Gottes kommst?

Stille und Ruhe fördern die Besonnenheit und die Konzentration auf das Wesentliche!

Besonnenheit und geistliche Weisheit sind für viele heute leider Fremdworte geworden. Häufig antworten wir schneller, als wir gefragt werden. Oft handeln wir schneller, als es nötig wäre. »Ohne Erkenntnis ist selbst Eifer nicht gut; und wer mit den Füßen hastig ist, tritt fehl« (Spr 19,2). Besonnenheit und Weisheit werden uns dagegen als erstrebenswerte Tugenden immer wieder in der Bibel vorgestellt. Sie gelten für Jung und Alt: »Du aber rede, was der gesunden Lehre ziemt: dass die alten Männer nüchtern seien, ehrbar, besonnen, gesund im Glauben, in der Liebe, im Ausharren; ebenso die alten Frauen in ihrer Haltung dem Heiligen angemessen, nicht verleumderisch, nicht Sklavinnen von vielem Wein, Lehrerinnen des Guten; damit sie die jungen Frauen unterweisen, ihre Männer zu lieben, ihre Kinder zu lieben, besonnen, keusch, mit häuslichen Arbeiten beschäftigt, gütig zu sein, den eigenen Männern sich unterzuordnen, damit das Wort Gottes nicht verlästert werde! Ebenso ermahne die jungen Männer, besonnen zu sein, indem du in allem dich selbst als ein Vorbild guter Werke darstellst!« (Tit 2,1-5).

Um das in unserer hektischen Zeit zu fördern, haben die Initiatoren des »Jahres der Stille« es so formuliert: »Das Jahr der Stille will helfen, Balance zu finden. Ein gesundes Gleichgewicht zwischen Arbeit und Ruhe.« Dazu haben sie einige gute Ratschläge gegeben, die sie in ihrem Ideenheft aufgelistet haben. Doch an manchen Stellen schießen sie leider über das Ziel hinaus, indem Methoden vorgestellt werden, die der Esoterik und Mystik entlehnt sind.

Wir sollten uns bei der durchaus lobenswerten Rückbesinnung auf die Stille, Ruhe und Besonnenheit ausschließlich an das gute Wort Gottes halten und von den Männern der Bibel lernen.

So kann das »Jahr der Stille« für uns und unsere Gemeinden eine Chance werden, uns inmitten der Hektik und Betriebsamkeit auf das Wesentliche zu besinnen: »Trachtet aber zuerst nach dem Reich Gottes und nach seiner Gerechtigkeit! Und dies alles wird euch hinzugefügt werden« (Mt 6,33). »Sinnt auf das, was droben ist, nicht auf das, was auf der Erde ist!« (Kol 3,2). Stille, Ruhe und Besonnenheit sind für ein ausgewogenes Glaubensleben lebensnotwendig. Laufen wir nicht vor der Stille weg, sondern lernen es neu, vor Gott und in der Beschäftigung mit seinem Wort zur Ruhe zu kommen.

Stille mit der Bibel

Johannes Pflaum

Die Bibel, das geoffenbarte Wort Gottes, ist neben dem Gebet ein unverzichtbarer Teil der persönlichen Stille vor Gott. Während wir im Gebet mit dem Herrn reden, redet der allmächtige Gott durch die Bibel zu uns. Das Reden Gottes durch sein Wort kann und darf durch keine andere Methode ersetzt werden. Nur indem wir uns an die Heilige Schrift als die höchste und alleingültige Offenbarung Gottes halten, werden wir vor Irrtümern und Trugschlüssen in Bezug auf Gottes Reden bewahrt bleiben.

So hatte schon das geoffenbarte Wort des Herrn zu einer Zeit, als Gott noch auf vielfältige und vielerlei Weise zu den Vätern und Propheten sprach (Hebr 1,1), den höchsten Stellenwert. Jeremia schreibt deshalb in seiner Auseinandersetzung mit den falschen Propheten (Jer 23,28): »Der Prophet, der einen Traum hat, erzähle den Traum! Wer aber mein Wort hat, rede mein Wort in Wahrheit!« Das Wort Gottes ist wirklich allgenugsam für unser ganzes Leben, so wie es in 2. Timotheus 3,16 die Heilige Schrift selbst bezeugt: »Alle Schrift ist von Gott eingegeben und nützlich zur Lehre, zur Überführung, zur Zurechtweisung, zur Unterweisung in der Gerechtigkeit, damit der Mensch Gottes vollkommen sei, zu jedem guten Werk völlig zugerüstet.« In der Bibel hat uns Gott einen unfassbaren Schatz geschenkt. Sein Wort ist so einfach verständlich, dass jeder Mensch beim Lesen der Heiligen Schrift großen Gewinn hat. Und es ist so tief, so göttlich vollkommen, dass niemand es jemals auch nur annähernd ausschöpfen kann. Im längsten Kapitel der Bibel, dem 119. Psalm, wird uns die ganze Herrlichkeit von Gottes Wort vor Augen gestellt.

Die notwendige Speise für unseren inneren Menschen

Damit unser Körper gesund und leistungsfähig bleibt, benötigen wir eine regelmäßige, gute und möglichst umfassende Ernährung. Verzichten wir auf die regelmäßigen Mahlzeiten, bekommen wir die Folgen sehr schnell und buchstäblich am eigenen Leib zu spüren. Fehlende und mangelhafte Ernährung nimmt uns nicht nur die körperliche Leistungsfähigkeit, sie führt rasch zu einem erhöhten Krankheitsrisiko und zieht auf Dauer den Hungertod nach sich. Diese Grundsätze gelten aber nicht nur für unseren Organismus. Wir können sie genauso auf das geistliche Leben anwenden.

Petrus vergleicht das Verlangen des Gläubigen nach Gottes Wort mit dem Verlangen eines Säuglings nach der unverfälschten Milch (1Petr 2,2). Im Hebräerbrief wird die biblische Lehre sowohl mit Milch für neugeborene Gläubige als auch mit fester Speise für die schon im Wachstum fortgeschrittenen Gläubigen verglichen (Hebr 5,12ff.). An verschiedenen Stellen zeigt uns die Bibel sich selbst als Quelle allen Lebens und aller Frucht, welche der Heilige Geist in einem Menschen wirkt (vgl. Ps 1,2.3; Jes 55,10.11; Joh 15,3.7; 1Petr 1,23.24). So bezeugt der leidgeprüfte Prophet Jeremia, wie Gottes Wort die unverzichtbare Nahrung für seinen Dienst war (Jer 15,16): »Fanden sich Worte von dir, dann habe ich sie gegessen, und deine Worte waren mir zur Wonne und zur Freude meines Herzens; denn dein Name ist über mir ausgerufen.« An diesen Beispielen wird deutlich, dass es kein gesundes Wachstum, kein Wirken und keine Frucht Gottes in unserem Leben geben kann, wenn wir uns nicht regelmäßig von Gottes Wort als der wahren Speise ernähren. Die Heilige Schrift ist in der Nachfolge genauso das geistliche Lebenselixier wie die tägliche Ernährung für unseren Körper. Deshalb sagt Jesus Christus in Johannes 6,63: »Die Worte, die ich zu euch geredet habe, sind Geist und sind Leben.« Der Ort, an welchem wir diese Nahrung bekommen, ist in erster Linie die persönliche Stille über der aufgeschlagenen Bibel. Bücher, Predigten und andere Dinge, welche Gott gebraucht, um zu uns zu reden, können den persönlichen Umgang mit der Bibel nicht ersetzen.

Die Kraft von Gottes Wort

Durch das Wort Gottes bekommen wir die Ausrüstung für die tägliche Nachfolge. Zugleich ist es auch kraftvoll genug, um unser Leben nach Gottes Willen und zu seiner Ehre zu verändern. So sagt Gott, der Herr, selbst in Jeremia 23,29: »Ist mein Wort nicht brennend wie ein Feuer, spricht der HERR, und wie ein Hammer, der Felsen zerschmettert?« Der Apostel Paulus spricht in Römer 6 von der Lebensveränderung der Geretteten durch den Tod und die Auferstehung Christi. In Vers 17 schreibt er: »Gott aber sei Dank, dass ihr Sklaven der Sünde wart, aber von Herzen gehorsam geworden seid dem Bild der Lehre, dem ihr übergeben worden seid!« Statt »Bild der Lehre« kann man hier auch »Form der Lehre« übersetzen. Es geht um eine Gussform, in welche flüssiges Metall hineingegossen wird. So wird der Gläubige, bildlich gesprochen, bei seiner Wiedergeburt in die Form der Lehre hineingegossen. Die Lehre, das Wort Gottes, als Gussform, ist das Hauptmittel, durch welches unser Leben mehr und mehr zur Ehre Gottes verändert wird. Nur durch die »Gussform« der Lehre können wir ein anderes Mittel erkennen, durch welches uns der Herr verändert: »… dass denen die Gott lieben alle Dinge zum Guten mitwirken« (Röm 8,28). Es ist die Kraft von Gottes Wort, welche unser Leben verändert und uns christusähnlicher macht. Wenn wir einmal vor Christus stehen und bildlich gesprochen diese »Gussform« abgenommen wird, ist in und an jedem Erretteten nichts anderes mehr zu sehen als das Wesen und der geistliche Charakter unseres Herrn (Röm 8,29). Damit die Gussform der Lehre uns prägen kann, benötigen wir einen intensiven persönlichen Umgang mit der Bibel in der Stille vor Gott.

Ein verändertes Leben zur Ehre Gottes beginnt in unserem Denken, in unserem Sinn. Man kann auch sagen, »in der verstandesmäßigen Wahrnehmung« (Röm 12,2). Allein das Wort Gottes hat die Kraft, unser ganzes Denken nach dem Willen Gottes zu verändern, damit wir prüfen können, was das Gute und Gott Wohlgefällige ist.

Fritz Binde (1867–1921) gehörte als Atheist und Anarchist vor seiner Bekehrung der sozialistischen Bewegung an. Er war ein sehr belesener Mann, welcher durch eine ausgesprochene Rednergabe seine Zuhörer für die Ideen des Sozialismus und Marxismus gewinnen konnte. Nach seiner Bekehrung schrieb er Folgendes in Bezug auf die verändernde Kraft von Gottes Wort:

»Früher suchte ich in tausend Büchern und vernachlässigte das eine [die Bibel; Anmerkung des Verfassers]; seitdem ich aber in dem einen alles gefunden, vernachlässige ich ohne Verlust die tausend. Es bleibt mir auch immer eine unbereubare Tat, dass ich nach meiner Bekehrung, nämlich nach Unterordnung meines Denkens unter die Bibel – als ich aus dem Wort der Wahrheit gezeugt wurde (Jak 1,18) –, nahezu ein halbes Jahrzehnt nichts wesentlich anderes als die Bibel selbst las. Ihre mir sich öffnende Fülle nahm mich derart hin, dass ich keine anderen Schätze der Weisheit und Erkenntnis mehr begehrte als die, die in der Bibel, in Christus sind. Ich wollte mir aber auch das Quellwasser aus Gottes Brünnlein derart gründlich durch den Kopf laufen lassen, dass es alles wegspülen sollte, was sich da von früher her an Menschenweisheit festgesetzt hatte. Ich wollte eben göttliches Denken gegen menschliches vertauschen und habe diesen Tausch nie bereut; denn nur so lernt man freudig glauben und fröhlich seines Glaubens leben.«[106]

Nun bedeutet dies nicht, dass ein Christ neben der Bibel keine gute Literatur mehr lesen darf. Aber das Zeugnis von F. Binde ist ein leuchtendes Beispiel für die göttliche Kraft der Bibel, welche unser Denken und damit verbunden unser praktisches Leben zur Ehre Gottes verändert. In Epheser 5,26 schreibt Paulus im Blick auf Christus und sein Verhältnis zu seiner Gemeinde: »… um sie zu heiligen, sie reinigend durch das Wasserbad im Wort«. Es ist das Wasserbad der Heiligen Schrift, welches unser Denken und

106 Fritz Binde, »Vom Geheimnis des Glaubens«, S. 17-18; Verlag und Schriftenmission der Evang. Gesellschaft, Wuppertal 1979.

unsere Wahrnehmung immer wieder neu reinigt. Und wir sollten darüber nachdenken, von was unser Sinn und unsere gedankliche Wahrnehmung wirklich geprägt werden. Hauptsächlich von Gottes Wort selbst oder von anderen Einflüssen und Meinungen? Sobald uns andere Bücher wichtiger als die Bibel werden, sollten wir zugunsten von Gottes Wort darauf verzichten.

Damit die Heilige Schrift in unserem Leben ihre göttliche Kraft entfalten kann, brauchen wir Zeit zur Stille, Zeit, um innerlich vor dem lebendigen Gott und seinem Wort zur Ruhe zu kommen. Das geht nicht im geistlichen »Fastfood-Verfahren«, so eben in den täglichen fünf Minuten nebenbei. Um innerlich aufzutanken, müssen wir auch äußerlich zur Ruhe kommen. Dazu ist ein Ort notwendig, an dem wir nicht durch äußere Reize gestört und abgelenkt werden. Es kann durchaus geboten sein, beispielsweise das Handy auszuschalten oder den Telefonhörer neben den Apparat zu legen. Und dann geht es darum, alles, was uns an Gedanken beschäftigt und ablenkt, in die Hände unseres Herrn zu befehlen, und ihn um Reinigung von Einflüssen und Befleckungen zu bitten, welche sein Reden stören, so, wie es in 1. Johannes 1,6-7 zu lesen ist: »Wenn wir sagen, dass wir Gemeinschaft mit ihm haben, und wandeln in der Finsternis, lügen wir und tun nicht die Wahrheit. Wenn wir aber im Licht wandeln, wie er im Licht ist, haben wir Gemeinschaft miteinander und das Blut Jesu, seines Sohnes, reinigt uns von jeder Sünde.« Zugleich geht es darum, um ein geöffnetes Ohr und Auge zu beten, einen wachen Verstand, damit er durch sein Wort mit uns reden kann (vgl. Ps 119,18; Jes 50,4; Offb 2,29).

Wann lese ich meine Bibel?

Der beste Zeitpunkt, um in der Bibel zu lesen, ist der Morgen (vgl. Jes 50,4). Am Tagesanfang sind wir noch geistig frisch und unabgelenkt, um Gottes Wort aufzunehmen und darüber nachzudenken. Gott, der Herr, kann uns dann auch für den Tagesablauf die nötige Ausrüstung und Wegweisung mitgeben. Selbst wenn der Bibeltext manchmal nicht in einem direkten Bezug zu den alltäglichen Aufgaben und Pflichten steht, möchte uns doch das, was uns wichtig geworden ist, begleiten und zu einer guten geistlichen Ausrichtung führen.

Für manchen »Morgenmuffel« mit einem niedrigen Blutdruck und den damit verbundenen Startschwierigkeiten kann der vorangehende Kaffee oder das Frühstück eine Hilfe sein, um gedanklich »auf Touren zu kommen« und aufnahmefähig zu werden. Allerdings ist es ratsam, darauf zu achten, dass das Frühstück im Rahmen bleibt und nicht im wahrsten Sinn des Wortes die notwendige Zeit zur Stille wegfrisst. Für eine Hausfrau ist es möglicherweise hilfreich, die Stille dann fest einzuplanen, wenn sich der »morgendliche Sturm« gelegt hat und der Ehemann und die Schulkinder das Haus verlassen haben. Für eine Mutter mit Kleinkindern ist eventuell die Zeit am besten, wenn die Kinder schlafen oder im Laufstall beschäftigt sind. Möglicherweise findet der im Berufs-, Gemeinde- und Familienleben viel beanspruchte Vater in seiner Mittagspause am Arbeitsplatz die Möglichkeit, um sich in die Stille mit Gottes Wort zurückzuziehen. Dies kann besonders eine Hilfe sein, wenn am Morgen die Zeit für die Stille begrenzt war.

Reicht es jemandem nicht zur morgendlichen Stille, ist es besser, abends bewusst regelmäßig Zeit über dem Wort Gottes einzuplanen, als sich vergeblich auf die nächste morgendliche Stille zu vertrösten. Es gibt bei einem angespannten beruflichen Leben auch die Möglichkeit, morgens die Stille etwas kürzer zu halten und sich dafür abends noch einmal ausführlicher Zeit zu nehmen.

Manchmal versuchen Gläubige, zu einer regelmäßigen Stille zurückzukehren, indem sie sich gleich eine oder zwei Stunden Zeit dafür nehmen wollen. Wenn dies tatsächlich gelingt, ist das gut. Aber es ist ratsamer, regelmäßig mit einer kürzeren Zeit über der Bibel zu beginnen, als in guten Vorsätzen für eine lange Zeitspanne stecken zu bleiben. Und wenn es am Anfang nur 10 oder

15 Minuten sind, die über der aufgeschlagenen Bibel regelmäßig verbracht werden, kann dann die Stille mit der Zeit zu einem immer größeren Zeitraum wachsen. Allerdings besteht die Gefahr, dass die Zeit über Gottes Wort sehr viel schneller ab- als zunimmt.

Die Zeit über der aufgeschlagenen Bibel bewegt sich in dem Spannungsfeld, einerseits keine tote fromme Pflichtübung zu absolvieren, andererseits uns aber auch nicht von geistlicher Undisziplniertheit und dem Lustprinzip treiben zu lassen. Es ist immer noch das kleinere Übel, regelmäßig die Bibel aus einem frommen Pflichtgefühl heraus zu lesen, als dies gar nicht zu tun. Und was soll ich machen, wenn ich keine Lust – oder frommer ausgedrückt: keine »Freudigkeit« – zum Bibellesen habe? Dazu gab Richard Straube einen guten Tipp. Dann soll ich beten: »Herr Jesus, du kannst jetzt auch durch dein Wort zu mir sprechen, obwohl ich gerade keine Lust zum Bibellesen empfinde.« Für das Wachstum in der Nachfolge und einer lebendigen Beziehung mit dem Herrn benötigen wir geistliche Disziplin und gute Gewohnheiten. So lesen wir in Bezug auf das Gebetsleben des Herrn Jesus (Lk 22,39): »Und er ging hinaus und begab sich der Gewohnheit nach an den Ölberg.«

Wie lese ich meine Bibel?

Zunächst möchte ich zwei grundlegende Arten des Bibellesens nennen, die wir beide benötigen.

Einmal kann die Beschäftigung mit einzelnen Aussagen der Heiligen Schrift eine große Hilfe sein. Man vertieft sich betend und nachdenkend in einzelne Bibelverse. Oder der Herr redet durch einzelne Worte zu einem, an denen man hängen bleibt und über dem aufgeschlagenen Wort einen »geöffneten Himmel« erlebt. Es sind oft einzelne Bibelverse, die einen ermutigen bzw. in die persönliche Situation hineinreden. Zu dieser ersten Art des Bibellesens gehört auch, an bestimmten Textabschnitten stehen zu bleiben und sie intensiv zu betrachten, sie mit aller Gründlichkeit zu erkunden. Einzelne Verse können auch bei zeitlich kürzerer

Betrachtung wichtig werden. Pastor Johannes Busch sprach in diesem Zusammenhang von dem stärkenden Wasserschluck aus der Feldflasche.

Neben der Beschäftigung mit einzelnen Versen oder Textabschnitten benötigen wir auch das fortlaufende Bibellesen – ganze Kapitel, wenn möglich, sogar ganze biblische Bücher im Zusammenhang durchzuarbeiten. Nur so werden wir die biblischen Zusammenhänge verstehen lernen und Christus als das Zentrum der Heiligen Schrift sowie die heilsgeschichtlichen Linien noch besser erkennen. Die vorgegebene fortlaufende Bibellese (verschiedenen Bibelleseplänen und -hilfen liegt sie zugrunde) kann ein Einstieg und eine gute Gewohnheit für die regelmäßige Stille sein. Damit die Einzelnen aber zu einem eigenständigen Leben in und mit der Heiligen Schrift kommen, braucht es auf die Dauer mehr als die fortlaufende Bibellese. Wer sich in einem Jahr durch die Bibel durcharbeiten möchte, sollte pro Tag im Schnitt etwa vier Kapitel lesen. Das hört sich zunächst nach viel an. Dazu wird aber nicht mehr Lesezeit als ca. 30 Minuten pro Tag benötigt. Und wenn es nach einem Jahr doch nicht ganz geklappt hat, soll niemand entmutigt aufgeben, sondern weitermachen! Vielleicht kommt er dann im zweiten oder dritten Anlauf jährlich durch die ganze Heilige Schrift. Der Gewinn für das persönliche Leben in der Nachfolge wird auf jeden Fall groß sein!

Ein fortlaufendes Bibellesen muss auch nicht zwingend von 1. Mose 1 bis Offenbarung 22 gehen. Man kann in der Stillen Zeit zwischen verschiedenen biblischen Büchern »springen«. Eine Möglichkeit ist die Kombination von Büchern, die inhaltlich zusammenhängen. Beispielsweise das Lesen des Buches Esra und anschließend der Propheten Haggai und Sacharja, welche in der Zeit Esras wirkten. Am Ende dieses Kapitels (S. 145-146) ist dazu ein Plan zu finden.

Wie schon erwähnt, ist es wichtig, die Bibel in einer Umgebung zu lesen, in welcher wir innerlich und äußerlich zur Ruhe kommen. Wenn einem der Zug zur Heiligen Schrift verlorengegangen ist und dies nicht mit Sünde oder entsprechenden Einflüssen zusammenhängt, welche das Reden von Gottes Geist hindern, darf ich darum beten, wieder ganz neu Sehnsucht nach der Beschäftigung mit der Bibel zu bekommen. Dies wird in einem Liedvers so zum Ausdruck gebracht wird: »Gott, lass mich immer Heimweh haben, wenn ich nicht nahe bei dir bin!«

Gottes Wort soll zunächst einmal Wort für Wort gelesen werden, wie es dasteht. Manche warten beim Betrachten der Schrift fälschlicherweise immer auf ein ganz besonderes Erlebnis. Oder sie überlegen sich nicht, was dasteht, sondern spekulieren immer darüber, was dieser Textabschnitt bedeuten könnte. Und so beginnt man in angeblich geistlich höheren Regionen zu schweben und wird blind darüber, was uns Gottes Wort, so wie es dasteht, zu sagen hat. Dadurch besteht auch die Gefahr, den praktischen Lebensbezug der Bibel zu verlieren. Am Beispiel der Sturmstillung in Markus 4,35-41 soll dies deutlich werden.

Wer diesen Text nicht wörtlich nimmt, so wie er formuliert wurde, sondern über eine verborgene Bedeutung spekuliert, wird sich fragen, was der Sturm, das Boot oder die Jünger für eine Bedeutung haben. Und er kommt dann zu irgendwelchen »höheren Erkenntnissen«, die leider oft nichts mehr mit dem täglichen Leben zu tun haben.

Wenn ich den Text aber so nehme, wie er dasteht, gibt er mir viel für das tägliche Leben in der Nachfolge Jesu Christi. Ich werde sehen, dass die Jünger angesichts eines Sturmes wirklich in Panik gerieten und mit Unglauben zu kämpfen hatten, obwohl Jesus bei ihnen im Boot war. In ihrer Todesangst schrien sie zu ihm und sahen dann auf wunderbare Weise, dass er der Herr über die Naturgewalten ist. Diese biblische Tatsache kann ein ungeheurer Trost sein, wenn ich selbst beispielsweise in einem schweren Gewitter Angst bekomme. Den Jüngern ging es ja auch nicht anders. Aber wenn ich mich dann daran erinnere, wie die Jünger zum Herrn gerufen haben und sie sahen, dass ihr Herr auch die Naturgewalten kontrollierte, dann kann auch ich inmitten des furchterregenden Gewitters mich seiner bergenden Hand anbefehlen und ruhig werden.

Natürlich gebraucht die Bibel an verschiedenen Stellen auch Bilder, Gleichnisse und Allegorien. Dann sollen auch wir den Sinn und die Aussage dahinter erforschen und erkennen. Ansonsten geht es aber in erster Linie darum, Gottes Wort so zu nehmen, wie es dasteht.

Bibellesen mit dem POTZEK-Schlüssel

Eine Hilfe zum besseren Verständnis können einfache Fragen zum Text sein. Beispielsweise der sogenannte POTZEK-Schlüssel. Um welche **P**ersonen geht es in diesem Text? An welchem **O**rt handelt der Text? Was ist das **T**hema des Textes? In welche **Z**eit gehört der Text? Welche **E**reignisse finden statt? Und was ist der **K**ern des Textes? Das genaue Achten auf den Textzusammenhang ist ebenfalls eine große Hilfe für das persönliche Bibelstudium. All dies wird zum Gewinn, wenn wir es mit einer inneren betenden Haltung tun, mit dem Wunsch, dass unser Herr selbst durch sein Wort zu seinem Knecht oder seiner Magd spricht.

Eine gute Hilfe für den persönlichen Umgang mit Gottes Wort ist ein Tagebuch zur Stillen Zeit. Darin hält man kurz einige Kernsätze (mit Stellenangabe) fest, die einem beim Lesen des Bibeltextes wichtig wurden. Empfehlenswert kann auch eine Bibelausgabe mit Schreibrand sein. Darin kann man dann selbst kurze Notizen neben dem Bibeltext festhalten und wird beim wiederholten Lesen des Textes an das erinnert, was einem damals wichtig wurde.

Das Unterstreichen von Bibelversen mit verschiedenen Farben bietet sich ebenfalls als gutes Hilfsmittel an. Allerdings sollte man darauf achten, dass die ganze Sache nicht zu vielfältig und kompliziert wird. Hier muss jeder herausfinden, was für ihn das Beste ist. Ich selbst arbeite mit vier Farben. Rot wird alles unterstrichen, was mir besonders wichtig erscheint. Grün ist die Farbe für die Verheißungen, Gelb für Erfüllungen. Mit Blau werden die Gerichtsworte, Warnungen vor Sünde und Ungehorsam angestrichen.

Es gibt auch die Möglichkeit, am Textrand Bibelstellen mit Abkürzungen zu markieren. Beispielsweise die verschiedenen Gottes-Namen mit GN, wichtige Verse über das Gebet mit GB oder messianische Stellen im Alten Testament mit M usw. Hier sollte der Bibelleser ebenfalls auf die Überschaubarkeit der Abkürzungen achten und deren Bedeutung schriftlich festhalten, um sich auch noch nach längerer Zeit daran erinnern zu können.

Wichtig für die Stille über Gottes Wort ist auch die richtige Einstellung. Wenn wir die Bibel nur nach dem Motto »Was bringt es mir?« lesen, werden wir uns selbst ein Hindernis sein. Es geht nicht nur darum, was das Bibellesen uns punktuell bringt. Vielmehr soll es uns ein großes Anliegen sein, Christus noch deutlicher in seinem Wort zu erkennen, seine Herrlichkeit durch das Lesen der Schrift noch mehr zu erfassen. In 2. Korinther 3 redet Paulus von der Herrlichkeit und dem Dienst des neuen Bundes. In Vers 18 schreibt er: »Wir alle aber schauen mit aufgedecktem Angesicht die Herrlichkeit des Herrn an und werden so verwandelt in dasselbe Bild von Herrlichkeit zu Herrlichkeit, wie es vom Herrn, dem Geist, geschieht.« Vorhin erwähnte ich die Veränderung unseres Sinnes, unseres Denkens, um das Gott Wohlgefällige tun zu können. Hier sehen wir einen weiteren Aspekt, der uns eine große Ermutigung für ein intensives Leben mit der Heiligen Schrift sein sollte. Je mehr wir die Herrlichkeit Christi erkennen, umso mehr werden wir selbst in sein Bild verändert.

Überhaupt gehörte für Paulus die Erkenntnis des Christus zum Wichtigsten in der Nachfolge. In Epheser 4,13 steht die geistliche Mannesreife in einem untrennbaren Zusammenhang mit der Erkenntnis des Sohnes Gottes. An einer anderen Stelle bekennt der

Apostel (Phil 3,8): »… ja wirklich, ich halte auch alles für Verlust um der unübertrefflichen Größe der Erkenntnis Christi Jesu, meines Herrn, willen, um dessentwillen ich alles eingebüßt habe und es für Dreck halte, damit ich Christus gewinne.« In der Erkenntnis Christi und in der damit untrennbar verbundenen persönlichen Beziehung zu ihm wachsen wir nicht durch spirituelle Methoden, meditative Praktiken und Erfahrung, sondern indem er sich uns mehr und mehr durch sein Wort offenbart. Die Entdeckungen in Gottes Wort können uns auch emotional bewegen oder Erfahrungen im Alltag nach sich ziehen. Das ist dann aber eine Folge der Erkenntnis Christi durch die Heilige Schrift und nicht eine Methode, welche die persönliche Stille über Gottes Wort ersetzt oder auf gleicher Ebene, möglicherweise sogar anstelle der Schrift steht.

Es ist ein göttliches Wunder, dass man nach jahrelangem Bibellesen nicht alles über Christus weiß und gedanklich abhaken kann. Vielmehr wird einem Christus immer größer, je mehr man in der Bibel forscht und sie kennenlernt. Dann entdeckt man Christus und seine Herrlichkeit plötzlich an Stellen, die einem bisher noch nicht viel gesagt haben. Aus diesem Grund bezeugte der Herr Jesus den Schriftgelehrten (Joh 5,39): »Ihr erforscht die Schriften, denn ihr meint, in ihnen ewiges Leben zu haben, und sie sind es, die von mir zeugen.«

Während der Stille über der Bibel und am Ende derselben ist der Dank gegenüber dem Herrn nicht zu vergessen – der Dank für die Herrlichkeit der Heiligen Schrift, für das, was uns wichtig wurde, und für die Kraft seines Wortes sowie die Bitte, dass wir sein Wort wirklich bewahren und beherzigen. Der Dank gegenüber dem Herrn und die innere Einstellung, welche damit verbunden ist, verändert unseren Umgang mit der Bibel in guter geistlicher Weise. Die dankbare Haltung gegenüber der Heiligen Schrift wird in uns durch Bibelstellen und Psalmen gefördert, welche aus einer anbetenden und staunenden Haltung heraus danken für das Wunder und die göttliche Vielfalt des Wortes Gottes, wie z. B. Psalm 19 und 119.

Was kann mir zum Verständnis der Bibel helfen?

Für die Stille über dem Wort Gottes können auch gewisse Hilfsmittel zum Verständnis hilfreich sein. Allerdings sollten wir darauf achten, in erster Linie selbst aus der Quelle der Heiligen Schrift zu schöpfen und nicht das Gebrauchen von Auslegungen und anderen Hilfen dem Wort Gottes gleichzusetzen. Manche Gläubige sind der Gefahr erlegen, die Gedanken eines Bibelleseplanes mit der Wahrheit der Heiligen Schrift selbst zu verwechseln. Da sich leider der Evangelikalismus, vor allem auch in seiner Haltung zur Bibelfrage, in den letzten Jahren stark verändert hat, birgt eine falsche Gewöhnung an Bibellesehilfen auch die Gefahr in sich, unbewusst bibelkritisches Gedankengut zu übernehmen. Hier gilt es, im Einzelnen zu prüfen und nicht ein eigenständiges Leben in der Schrift mit der Gewöhnung an bestimmte Bibellesepläne zu verwechseln.

Wenn es aber unser größtes Anliegen ist, wirklich ein eigenständiges Leben in der Bibel zu führen, können gewisse Hilfsmittel in die persönliche Stille einfließen. Beispielsweise der Gebrauch einer Konkordanz, eines Bibellexikons (z. B. Rieneckers Lexikon zur Bibel) oder auch die Benutzung einer guten Studienbibel (z. B. Thompson-Studienbibel, John-MacArthur-Studienbibel) und an bestimmten Stellen auch einer bibeltreuen Auslegung.

Nun steht jeder Gläubige selbst im Umgang mit seiner Bibel vor seinem Herrn. Dennoch möchte ich es als ein gutes Ziel ansehen, wenn man über all die Jahre von dem regelmäßigen Gebrauch eines Bibelleseplanes mit den damit vorgegebenen Gedanken wegkommt und stattdessen zu einem selbstständigen Umgang mit Gottes Wort heranreift. Damit meine ich nicht die Hinwendung zu eigenwilligen Sondererkenntnissen. Auch nicht die Verwechslung des allgemeinen Priestertums mit dem allgemeinen Papsttum. Sondern ein eigenständiges Leben in der Schrift, bei welchem der Betreffende voller Freude feststelle, dass er dieselben Entdeckungen wie andere Knechte Gottes macht.

Ein Wort für die »Vollzeitler«

Jeder Christ steht für seinen Herrn im vollzeitlichen Dienst, ganz gleich, ob dies in der Schule, am Arbeitsplatz, in der Familie oder im Ruhestand ist. Dennoch möchte ich noch ein Wort an diejenigen richten, die nicht mehr einen Beruf ausüben, sondern im sogenannten vollzeitlichen Dienst für den Herrn stehen. Sei es in der Verkündigung, als Ältester, in der Mission, in der Kinder- und Jugendarbeit oder an anderen Plätzen.

Die große Gefahr dieses Dienstes besteht darin, mit so vielen »frommen Dingen« beschäftigt zu sein, dass darüber die persönliche Stille vernachlässigt wird. Auch das Vorbereiten einer Predigt, einer Bibel- oder Jugendstunde kann die persönliche Stille über Gottes Wort nicht ersetzen. Im Gegenteil. Wenn die persönliche Stille durch einen falschen frommen Aktivismus auf der Strecke bleibt, wird die Vorbereitung sehr schnell zu nichts anderem werden als zu einem frommen Job und reiner Pflichtausübung. Das hinterlässt zweifelsohne seine Spuren im Dienst. Obwohl eine intensive Vorbereitung jeder Verkündigung zugrunde liegen sollte, werden die Zuhörer doch spüren, ob der Verkündiger im Wort Gottes lebt oder ob er nur angelernte und angelesene Richtigkeiten weitergibt.

Natürlich gibt es auch im vollzeitlichen Dienst Zeiten, in welchen die Stille kürzer wird, beispielsweise auf einer Freizeit, bei der man von morgens früh bis abends spät »in den Schuhen« steht. Aber für einen Vollzeitler, besonders wenn er Gottes Wort verkündigt, ist in der Regel eine halbe Stunde tägliches Bibellesen zu wenig. Wie soll er Gottes Wort glaubhaft und kraftvoll verkündigen können, wenn er sich nicht selbst intensiv daraus nährt? Wer vollzeitlich im Dienst steht, sollte es sich zu einem notwendigen Ziel machen, mindestens einmal im Jahr durch die Bibel zu kommen. Damit meine ich die persönliche Stille und nicht irgendwelche Vorbereitungen!

Vermutlich haben wir heute so viel Kraftlosigkeit, auch im bibeltreuen Bereich, weil die persönliche Stille über Gottes Wort und die damit verbundene Verbindung zum Herrn bei vielen Vollzeitlern in der Praxis zu kurz kommt. Nun passt der Dienst für den Herrn mit der damit verbundenen Opferbereitschaft nicht in die heutige Wohlfühl- und Entspannungsgesellschaft. Trotzdem ist oft weniger frommer Aktivismus und mehr persönliche Stille angesagt. Wahrscheinlich hat der Boom und das Verlangen nach fragwürdigen und verführerischen Stille-Angeboten im evangelikalen Bereich nur deshalb so um sich greifen können, weil die echte Stille im Gebet und über Gottes Wort schon längst vielerorts eine Mangelerscheinung geworden war.

Es ist nicht damit getan, nur die falschen Entwicklungen im Zusammenhang mit dem Thema Stille zu erkennen. Gleichzeitig brauchen wir selbst einen neuen Blick für die Stille im biblischen Sinn. Und nicht nur einen neuen Blick, sondern auch eine neue Praxis. Es ist mein großer Wunsch, dass alle, welche dieses Buch lesen, mit dem Psalmbeter ausrufen können (Ps 119,162): »Ich freue mich über dein Wort wie einer, der große Beute macht.«

Hilfestellung für ein fortlaufendes Schriftstudium

Die folgende Auflistung soll eine Hilfe sein, um bei einem fortlaufenden Bibelstudium durch die angegebene Reihenfolge der biblischen Bücher inhaltliche Zusammenhänge noch besser zu erfassen. Die *Psalmen* sind nicht erwähnt, da empfohlen wird, täglich zu dem Schriftstudium einen Psalm in fortlaufender Reihenfolge zu lesen.

- 1. Mose – 2. Mose – 3. Mose – Hebräerbrief – 4. Mose – 5. Mose
- Johannesevangelium – 1. Johannes – 2. Johannes – 3. Johannes – Daniel – Offenbarung
- Josua – Richter – Ruth – 1. Samuel – 2. Samuel – 1. Könige – 2. Könige – Hosea – Jona – Nahum
- Lukas – Apostelgeschichte – Römer – Jakobus – 1. Chronik – 2. Chronik – Obadja – Joel – Micha – Zefanja

- Esra – Haggai – Sacharja – Nehemia – Maleachi – Ester – 1. Korinther – 2. Korinther
- Hiob – Markus – Amos – Galater – Epheser – Philipper – Kolosser
- Sprüche – Prediger – Hoheslied – 1. Petrus – 2. Petrus – Judas – Jesaja – Matthäus – Jeremia – Klagelieder
- Hesekiel – 1. Thessalonicher – 2. Thessalonicher – Habakuk – 1. Timotheus – 2. Timotheus – Titus – Philemon

Erhörliches Gebet – Einbildung oder Wirklichkeit?

Martin Vedder

»Jetzt habe ich so intensiv monatelang gebetet und fest damit gerechnet, doch endlich einmal sechs Richtige im Lotto zu gewinnen! Aber nichts damit …«
»Ich bin so lange schon arbeitslos und bitte den Herrn, dass er mir doch endlich eine Arbeitsstelle besorgen möchte, aber Fehlanzeige!«
»Ich möchte so gerne heiraten, aber finde keine Frau. Erhört Gott denn meine Gebete nicht?«
»Bruder Martin, mein Nachbar will mich verhexen! Bitte schicke mir doch so ein richtig gutes Gebet, damit ich mich dagegen wehren kann!«

So und ähnlich erhalte ich[107] immer wieder Post von unseren Bibelschülern, die mir ihre Nöte und teilweise auch ihre Verwunderung mitteilen im Hinblick auf Gebetsanliegen, die sie voller Zuversicht dem Herrn hingelegt haben in dem festen Glauben, dass er sofort eingreift und unsere Probleme schnellstens in unserem Sinne löst, wenn wir nur fest daran glauben!

Einer, der in diesem Sinne nicht bekam, was er erbat, schickte mir dann eines Tages den gesamten Kurs zurück mit der lakonischen Feststellung: »Dein Gott tut ja nicht, was ich von ihm verlange. Dann kannst du auch deine Bibelkurse behalten!«

---

107 Martin Vedder, der Autor dieses Beitrags, leitet die »Emmaus-Fernbibelschule« im deutschen Morsbach. Emmaus-Fernbibelkurse sind mittlerweile in 105 Ländern und in 125 Sprachen verfügbar.

Das Gebet – eine Art Magie?
Bete ich, um mir Gott gefügig zu machen?
Zwinge ich Gott meinen Willen im Gebet auf?
Heißt es nicht: »Wer betet, bewegt den Arm Gottes«?

Ich kann mich noch gut erinnern an ein Gebet, das ich in meiner Jugendzeit in aller Eindringlichkeit zum Himmel emporschickte. In dem Häuserblock, wo ich mit meinen Eltern in Köln wohnte, lebte auch ein junges Mädchen, mit dem ich schon mehrmals über ihre Beziehung zu Jesus Christus gesprochen und sie auf die Notwendigkeit einer persönlichen Entscheidung hingewiesen hatte. Die Person schien auch irgendwie interessiert, und so betete ich weiter für ihre Bekehrung. Es war dann in den Ferien bei meinen Großeltern im Oberbergischen, dass mir ihr Name während der Nacht wieder einfiel. So kniete ich mich vor mein Bett und bat inständig um die Errettung dieses Mädchens. Schließlich stand ich von meinen Knien auf in der Gewissheit, dass Gott mich erhört habe. Und so war dann auch mein erster Gang, als ich zurückkam nach Köln, zu ihrer Wohnung, um sie sozusagen als Glaubensschwester begrüßen zu können. Doch welch eine Enttäuschung! Nichts hatte sich getan. Es war alles noch beim Alten! Ja, im Gegenteil: Von diesem Augenblick an erlosch sichtbar das Interesse dieser Person am Evangelium, und bis heute weiß ich nicht, ob sie jemals eine Entscheidung für Jesus Christus getroffen hat.

Dieses Erlebnis warf einige entscheidende Fragen auf:
Erhört Gott jedes Gebet?
Können wir den Zeitpunkt des göttlichen Eingreifens bestimmen?
Was ist mit »so ihr's glaubet« wirklich gemeint?
Gibt es vielleicht gewisse Voraussetzungen oder sogar Bedingungen, die erfüllt sein müssen, damit der Herr unsere Gebete erhört?

Einige Voraussetzungen für Gebetserhörungen

1. »Wenn ihr in mir bleibt und meine Worte in euch bleiben, so werdet ihr bitten, was ihr wollt, und es wird euch geschehen« (Joh 15,7).

Diese Worte unseres Herrn Jesus Christus, die er bei einem Abendessen kurz vor seiner Gefangennahme an seine Jünger richtete, scheinen mir die Schlüsselaussage zu unserem Thema zu sein. Davon hängt alles Weitere ab. Auch die weiteren noch folgenden Voraussetzungen können nur dann erfüllt werden, wenn die Beziehung zu unserem Herrn gepflegt wird. Doch wie kann ich in Jesus bleiben, wenn ich nicht zu ihm gehöre? Und wie werde ich ein Teil von Jesus? Die Antwort der Bibel ist sonnenklar: Ein Glied am Leibe Christi wird der Mensch einzig und allein durch die Geistestaufe (1Kor 12,13), genauso wie er Glied in der Familie Gottes durch die Wiedergeburt (Joh 1,12) wird. Und beides ereignet sich gleichzeitig! Wer wiedergeboren ist, ist auch geistgetauft! Wer zur Familie Gottes gehört, der gehört auch zum Leibe Christi, d. h. zu der weltweiten Gemeinde aller erlösten Kinder Gottes, all derer, die allein auf den stellvertretenden Tod Christi bauen und nicht die Seligkeit mit ihren guten Werken erwerben wollen.

Die Zugehörigkeit zu Jesus ist also eine unbedingt notwendige Voraussetzung, um diese erste und wichtigste aller Voraussetzungen zu erfüllen. Doch das allein genügt nicht: Sie ist zwar notwendig, aber noch nicht hinreichend. Es geht auch darum, *in Jesus zu bleiben*! Und wie geschieht das? Indem wir *in seinem Wort bleiben*. Paulus drückt das folgendermaßen aus: »Lasst das Wort des Christus reichlich in euch wohnen« (Kol 3,16). Die ständige Beschäftigung mit Gottes Wort mit dem Ziel, Jesus dort zu begegnen, ihn immer besser kennenzulernen, sein Verhalten in verschiedenen Situationen zu studieren, nicht zuletzt auch in den außergewöhnlichen Versuchungen, denen er ausgesetzt war, und wie er in dem, was er litt, den Gehorsam lernte (Hebr 5): Das alles wird einen tiefen Eindruck auf uns hinterlassen und uns eine große Hilfe sein, wenn es darum geht, erhörlich beten zu lernen.

2. »Und dies ist die Zuversicht, die wir zu ihm haben, dass, wenn wir etwas nach seinem Willen bitten, er uns hört. Und wenn wir wissen, dass er uns hört, um was irgend wir bitten, so wissen wir, dass wir die Bitten haben, die wir von ihm erbeten haben« (1Joh 5,14.15).

Einige der entscheidendsten Fragen, wenn es um das rechte Beten geht, sind folgende:
Was ist der Wille Gottes für mein Leben?
Wie sieht der Wille Gottes in einer ganz konkreten Situation für mich aus?
Woran kann ich seinen Willen erkennen?
Und ist mir die Erfüllung seines Willens überhaupt wichtig? Auch wenn er sich vielleicht völlig entgegengesetzt zu meinen persönlichen Wünschen und Plänen richtet?

Um erhörlich beten zu lernen, muss ich also den Willen Gottes kennenlernen, um dann entsprechend diesem seinem Willen auch meine Anliegen ihm vortragen zu können. Und wo lerne ich seinen Willen in erster Linie kennen? In seinem Wort, der Bibel! Wie aber kann ich hoffen, in diesem seinem Sinne zu beten, wenn ich den Weg, auf dem er mir seinen Willen offenbaren möchte, nicht gehe? Wer wenig oder gar nicht in der Bibel liest, muss sich nicht wundern, wenn er nur selten Gebetserhörung erlebt! Je mehr ich in Gottes Wort »zu Hause« bin, desto größer wird auch die Wahrscheinlichkeit, dass ich Gottes spürbares Eingreifen in mein Leben und seine bewusste Führung als Antwort auf meine Gebete erlebe! Und in der Erhörung meiner Gebete auch erkennen darf, dass es offensichtlich Fortschritte gibt im Erkennen des göttlichen Willens!

3. »Wahrlich, wahrlich, ich sage euch: Was ihr den Vater bitten werdet in meinem Namen, wird Er euch geben ... Bittet, und ihr werdet empfangen, auf dass eure Freude völlig sei« (Joh 16,23.24).

»Beten im Namen Jesu«: Was mag damit gemeint sein? Nicht jeder Mitarbeiter einer Firma darf im Namen der Firmenleitung einen Vertrag unterschreiben – nur derjenige, der dazu berechtigt ist. So weist uns Jesus darauf hin, dass seine Jünger sich in derselben Weise an seinen Vater im Gebet wenden dürfen, wie er es tut. Er gibt uns die Erlaubnis, direkt vor Gott zu treten, ohne irgendeinen anderen Mittler als nur ihm selbst. Welch eine Würde für Menschen, die einst »ohne Gott und ohne Hoffnung« in dieser Welt waren und total hilflos, sich selber zu retten (Eph 2,1-3). Doch beinhaltet dieser Ausdruck auch die Verpflichtung, so zu beten, wie Jesus an unserer Stelle in dieser Situation beten würde! Und wie können wir das wissen? Indem wir sein Gebetsleben studieren, nicht zuletzt auch das uns allen bekannte »Vaterunser« und das sogenannte »Hohepriesterliche Gebet« in Johannes 17.

Und auch hier gibt es ein schönes »Nebenprodukt«: vollkommene Freude! Wer möchte nicht vollkommen glücklich sein?! Das erhörliche Gebet verhilft uns zu diesem Glück!

Somit können wir feststellen, dass zur Erfüllung der ersten drei Voraussetzungen für das »erhörliche Gebet« die regelmäßige Beschäftigung mit Gottes Wort, der Bibel, eine absolut notwendige Voraussetzung ist. Und wir fragen uns: Welchen Stellenwert hat denn die biblische Lektüre in meinem Leben? Und wie viel Zeit widme ich ihr nicht nur am Sonntag, sondern auch in meinem Alltag?

4. »Ihr habt nichts, weil ihr nicht bittet. Ihr bittet und empfangt nichts, weil ihr übel bittet, damit ihr es in euren Lüsten vergeudet« (Jak 4,3).

Ich erinnere noch mal an die »sechs Richtigen im Lotto«. War das ein Gebet im Sinne Christi? Oder nach dem Willen Gottes? Die Antwort dürfte nicht schwer zu erraten sein! Gott hat uns verordnet, »im Schweiße unseres Angesichts« unser Brot zu verdienen

(1Mo 3). Glücksspiel, Lotto, Toto und dergleichen (z. B. Spekulieren an der Börse!) waren sicher nicht damit gemeint! Es geht darum, dass unsere Motive rein sind und es uns in erster Linie um die Ehre Gottes und den Bau seines Reiches geht! Wie heißt es doch im »Vaterunser«? »Dein Name werde geheiligt, dein Reich komme, dein Wille geschehe ...«, und erst danach kommen die mehr persönlichen Anliegen und Bedürfnisse!

Dürfen wir denn nicht auch um Gesundheit, einen guten Arbeitsplatz, Gelingen im Examen etc. bitten? Doch, natürlich. Hat nicht sogar Paulus im 1. Timotheusbrief (2,2) seinen geistlichen Sohn Timotheus ermuntert, für ein ruhiges und stilles Leben zu bitten, in aller Gottseligkeit und würdigem Ernst? Doch wollen wir bei allem nicht vergessen: Gottes Wege sind oft anders als unsere Wege, und seine Gedanken anders als die unsrigen (Jes 55,9), sodass wir immer gut beraten sind, den Zusatz nicht zu vergessen: »... wenn es dein Wille ist.« Denn die Botschaft der Bibel ist klar: Gottes Wunsch ist es, dass wir schon jetzt im Hier und Heute zum »Preise seiner Herrlichkeit« seien (Eph 1,12) und dass alle anderen Teilziele sich diesem Hauptziel unterordnen – auch unser persönliches Glück! »Trachtet zuerst nach dem Reiche Gottes, und alles andere wird euch hinzugefügt werden« (Mt 6,33). Ein in dieser Haltung gesprochenes Gebet – Gottes Ehre zuerst – wird auf offene Ohren stoßen und seine Erhörung zu seiner Zeit finden!

5. »O Frau, dein Glaube ist groß; dir geschehe, wie du willst« (Mt 15,28).

Jesus auf einer Auslandstour! Eine Frau mit einem großen Problem begegnet ihm (bitte nachlesen in Mt 15,21-28). Sie wendet sich an ihn mit der Bitte, ihre Tochter zu heilen. Doch er stellt sich taub. Geht einfach weiter. Tut so, als hörte er sie nicht! – Kaum zu fassen: Der Freund der Zöllner und Sünder, der große Erbarmer und Friedensbringer, der, von dem Johannes berichtet, dass er voller

Gnade und Wahrheit war, der die Liebe des Vaters in einzigartiger Weise verkündigte und in seiner Person sichtbar werden ließ, hat keine Zeit für diese schmerzerfüllte Mutter, die nur einen Gedanken hat: »Wie kann ich meiner armen Tochter helfen?« Und das Einzige tut, was der Mensch in Not tun sollte: sich an Jesus wenden. Hat Gott nicht schon durch den Propheten sagen lassen: »Sucht den Herrn, während er sich finden lässt; ruft ihn an, während er nahe ist« (Jes 55,6)? Und Jesus sagte selber kurze Zeit vor dieser Begebenheit in der berühmten Bergpredigt: »Bittet, und es wird euch gegeben; sucht, und ihr werdet finden; klopfet an, und es wird euch aufgetan. Denn jeder Bittende empfängt …« (Mt 7,7)? Gehört er etwa auch zu diesen Leuten, die viel versprechen, aber wenig halten?

Nun, manche Ereignisse können erst im Nachhinein recht gedeutet werden. So auch hier. Unser Herr macht uns am Beispiel dieser Ausländerin zwei Dinge deutlich, die im Hinblick auf Gebetserhörung nicht hoch genug eingeschätzt werden sollten:

Erhörlich zu beten, braucht manchmal einen »langen Atem«. Manche haben für die Errettung ihrer Angehörigen Jahrzehnte gebetet, und manchmal wurden diese Gebete erst nach ihrem Tod erhört. So betete Georg Müller, der Waisenvater von Bristol, über 40 Jahre für einen Freund, und er, der Tausende von Gebetserhörungen in seinem Leben erlebte, hat die Erhörung dieses Gebetsanliegens persönlich nicht mehr erlebt. Und doch hat er nicht vergebens gebetet: Der Freund kam zum lebendigen Glauben während der Trauerfeier für Georg Müller …

Erhörliches Gebet ist kein Fordern, sondern unterstellt sich dem Willen Gottes. Die Verheißung »… dem Demütigen gibt er Gnade« (1Petr 5,5), die sich quer durch die gesamte Heilige Schrift zieht, bewahrheitet sich auch hier. Die Frau wird mit den Straßenkötern auf eine Stufe gestellt. Ihr wird deutlich gesagt, dass sie im Grunde überhaupt kein Recht hat, irgendwelche Gnadenerweise vom Herrn zu erwarten, da sie nicht zum (irdischen) Volk Gottes gehört. Und sie stellt sich ohne »Wenn und Aber« unter dieses Urteil und vertraut einfach der Gnade des Herrn!

Nicht zuletzt wird ja die Sendung Jesu zunächst nur für Israel gerade im Matthäus-Evangelium besonders unterstrichen. Aber auch in diesem Evangelium wird schon deutlich: Nicht nur für Israel, sondern bis an die Enden der Erde (Jes 49,6) geht sein Auftrag. Alle Völker sollen erreicht werden (siehe den Missionsauftrag in Mt 28,18-20). Allen gilt das Heil, denn der Heiland kam für alle Menschen in diese Welt, und jeder, der will, darf das Wasser des Lebens trinken *umsonst*!

Wer so betet wie diese Frau – beharrlich und mit einem demütigen Herzen –, der darf es wissen: Ein solches Gebet wird erhört. Und in der Erhörung wird deutlich: Wer sich auf den Herrn verlässt, wird niemals verlassen, denn auf ihn ist wirklich Verlass für Zeit und Ewigkeit!

6. »Siehe, die Hand des Herrn ist nicht zu kurz, um zu retten, und sein Ohr nicht zu schwer, um zu hören; sondern eure Ungerechtigkeiten haben eine Scheidung gemacht zwischen euch und eurem Gott, und eure Sünden haben sein Angesicht vor euch verhüllt, dass er nicht hört« (Jes 59,1.2).

Die Lautstärke tut's nicht. Auch die Länge unserer Gebete ist nicht entscheidend dafür, inwieweit sie erhört werden oder auch nicht. Was Gott hier einfordert, ist nichts anderes als ein Leben in der Heiligung.

Diese Botschaft ist auch dem Neuen Testament nicht fremd: »Jaget dem Frieden nach und der Heiligung, ohne die niemand den Herrn schauen wird« (Hebr 12,14). Mir scheint, dass wir auf diesem Weg auf folgenden sieben Problemfeldern besonders gefordert sind: der Sexualität, der Zunge, dem Geld, in der Gemeinde, in Berufsleben und Nachbarschaft, im okkulten Bereich und letztendlich im Umgang mit der verborgenen Schuld.

Hierzu einige Anmerkungen:

a) Der falsche Umgang mit unserer ***Sexualität*** *ist ein großes Gebetshindernis.*

Der Apostel Petrus hat uns hierzu etwas Interessantes mitzuteilen, nachdem er zunächst die Frauen ermahnt im Hinblick auf ihr Verhalten den eigenen Männern gegenüber: »Ihr Männer ebenso, wohnt bei ihnen nach Erkenntnis als bei einem schwächeren Gefäß, dem weiblichen, ihnen Ehre gebend als solchen, die auch Miterben der Gnade des Lebens sind, damit eure Gebete nicht verhindert werden« (1Petr 3,7).

Auch Paulus scheint an diesem Thema nicht gänzlich uninteressiert zu sein, wenn er schreibt: »Entziehet euch einander nicht, es sei denn nach Übereinkunft eine Zeit lang, um zum Beten Muße zu haben; und kommt wieder zusammen, damit der Satan euch nicht versuche wegen eurer Unenthaltsamkeit« (1Kor 7,5.6). Und im Hebräerbrief heißt es lapidar: »Die Ehe sei geheiligt in allem und das Ehebett unbefleckt« (Hebr 13,5).

Die Sexualität: eine Gabe Gottes, für die Ehe bestimmt. Aber auch dort nicht maßlos angewandt, nicht auf Kosten des anderen, sondern zur gegenseitigen Freude und nicht nur zur Erhaltung des menschlichen Geschlechts! In dieser Weise getätigt, dürfen wir dann aber auch den Umkehrschluss ziehen: Der rechte Umgang mit unserer Sexualität ist ein wichtiger Schritt in Richtung Gebetserhörung!

b) Der falsche Umgang mit unserer ***Zunge*** *ist ein großes Gebetshindernis.*

Welcher bibelgläubige Christ kennt nicht die einschneidenden Worte des Jakobus, die er zu diesem Thema zu sagen hat? »So ist auch die Zunge ein kleines Glied und rühmt sich großer Dinge.

Siehe, welch kleines Feuer, welch einen großen Wald zündet es an! […] die Zunge aber kann keiner der Menschen bändigen: Sie ist ein unstetes Übel, voll tödlichen Giftes. Mit ihr preisen wir den Herrn und Vater, und mit ihr fluchen wir den Menschen, die nach dem Bild Gottes geschaffen sind. Aus demselben Mund geht Segen und Fluch hervor. *Dies, meine Brüder, sollte nicht so sein*« (Jak 3,5.8-10).

Doch nicht nur der böse Gebrauch der Zunge wird getadelt, sondern auch der unüberlegte. Selbst albernes Geschwätz (Eph 4,29; 5,4) sollte nicht unter Kindern Gottes gefunden werden, deren Leben etwas von der Würde Gottes widerstrahlen soll (2Kor 3,18). Gerade auch im Hinblick auf unsere Zunge gilt die Anweisung des Apostels Paulus von Römer 6, wo er uns hinweist auf das neue Leben in Christus mit den daraus resultierenden neuen Verhaltensweisen: »So herrsche nun nicht die Sünde in eurem sterblichen Leib, dass er seinen Begierden gehorche, stellt auch nicht eure Glieder der Sünde zur Verfügung als Werkzeuge der Ungerechtigkeit, sondern stellt euch selbst Gott zur Verfügung als Lebende aus den Toten und eure Glieder Gott zu Werkzeugen der Gerechtigkeit. Denn die Sünde wird nicht über euch herrschen, denn ihr seid nicht unter Gesetz, sondern unter Gnade« (Röm 6,11-14).

Der rechte Umgang mit unserer Zunge wird dann an anderer Stelle gelehrt. So heißt es z. B. in Kolosser 4,6: »Euer Wort sei allezeit in Gnade mit Salz gewürzt; ihr sollt wissen, wie ihr jedem Einzelnen antworten sollt.« Oder einige Verse früher: »Das Wort des Christus wohne reichlich in euch; in aller Weisheit ermahnt euch gegenseitig! Mit Psalmen, Lobliedern und geistlichen Liedern singt Gott in eurem Herzen in Gnade! Und alles, was ihr tut, im Wort oder im Werk, alles tut im Namen des Herrn Jesus, und sagt Gott, dem Vater, Dank durch ihn« (Kol 3,16.17). Eine der großartigsten Aussagen findet sich schließlich in Epheser 5,18-19, wo es um das Erfülltwerden mit dem Heiligen Geist geht: »… werdet voll Geist, indem ihr zueinander in Psalmen und Lobliedern und geistlichen Liedern redet und dem Herrn mit eurem Herzen singt und spielt! Sagt allezeit für alles dem Gott und Vater Dank im Namen unseres Herrn Jesus Christus!« Um zur Geistesfülle zu gelangen, spielt demnach der rechte Gebrauch unserer Zunge eine ganz entscheidende Rolle. Nicht übereinander reden und bei einer dampfenden Tasse Kaffee die Geschwister durch den Kakao ziehen, lautet die Devise, sondern zueinander reden von den großen Taten Gottes, wie sie z. B. in den Psalmen beschrieben werden oder sich hoffentlich auch in unserem Leben ereignet haben! Und sich als Folge eines solchen Verhaltens auch in nicht wenigen Gebetserhörungen wiederfinden!

c) Der falsche Umgang mit unserem ***Geld*** *ist ein großes Gebetshindernis.*

Wie schreibt doch Paulus in seinem »Vermächtnisbrief« an Timotheus? »Den Reichen in dem gegenwärtigen Zeitlauf gebiete, nicht hochmütig zu sein noch auf die Ungewissheit des Reichtums Hoffnung zu setzen – sondern auf Gott, der uns alles reichlich darreicht zum Genuss –, Gutes zu tun, reich zu sein in guten Werken, freigebig zu sein, mitteilsam …« (1Tim 6,17.18). Was er von der Geldliebe hält, das wird uns einige Verse vorher in recht drastischer Weise mitgeteilt: »Die aber reich werden wollen, fallen in Versuchung und Fallstrick und in viele unvernünftige und schädliche Begierden, welche die Menschen in Verderben und Untergang versetzen. Denn eine Wurzel alles Bösen ist die Geldliebe …« (1Tim 6,9.10).

Doch nicht nur als ein apostolisches Gebot begegnet uns die Sorge um den falschen Einsatz der uns anvertrauten irdischen Güter, sondern auch als eine einzigartige Chance, mit Hand anzulegen am Bau des Reiches Gottes. Hören wir, wie der Apostel die Korinther auf diese großartige Möglichkeit einstimmt, indem er zunächst auf das Beispiel unseres Herrn hinweist: »Denn ihr kennt die Gnade unseres Herrn Jesus Christus, dass er, da er reich war, um euretwillen arm wurde, damit ihr durch seine Armut reich würdet« (2Kor 8,9). Dieses Beispiel wendet er dann auch auf seine Briefempfänger an, indem er über zwei Kapitel ihre Freigebigkeit rühmt und sie weiter anspornt, in dieser Haltung nicht müde zu werden: »... in der jetzigen Zeit diene euer Überfluss dem Mangel jener. [...] Dies aber sage ich: Wer sparsam sät, wird auch sparsam ernten, und wer segensreich sät, wird auch segensreich ernten. Jeder gebe, wie er es sich in seinem Herzen vorgenommen hat: nicht mit Verdruss oder aus Zwang, denn einen fröhlichen Geber hat Gott lieb. Gott aber vermag euch jede Gnade überreichlich zu geben, damit ihr in allem allezeit alle Genüge habt und überreich seid zu jedem guten Werk. [...] Gott sei Dank für seine unaussprechliche Gabe« (2Kor 9,6-8.15). Am Ende wird deutlich: Wenn wir von unserem Überfluss abgeben oder sogar ein echtes »Opfer« bringen, dann nur, weil wir überwältigt sind von dem, der alles gab, nicht nur des Himmels Herrlichkeit, sondern sich selbst, sein eigenes Leben. Wie könnten wir im Bewusstsein der unsagbaren Not, mit der wir durch die Massenmedien täglich konfrontiert werden, so tun, als ob das alles uns nichts anginge! Gilt nicht auch uns dieses Wort: »Errette, die zum Tode geschleppt werden, und die zur Würgung hinwanken, o halte sie zurück! Wenn du sprichst: Siehe, wir wussten nichts davon – wird nicht er, der die Herzen kennt, es wissen, und er, der auf deine Seele achthat, es merken? Und er wird dem Menschen vergelten nach seinem Tun« (Spr 24,11.12). – Unser Geld ist in Wirklichkeit sein Geld. Er hat es uns anvertraut, um es für ihn und seine Sache einzusetzen. Und wo es aus Liebe zu Jesus getan wird, wird sein Segen auch darauf ruhen, auch wenn es nur die fünf Brote und zwei Fische des Knaben oder das Scherflein der »armen Witwe« sein sollten. Und wenn wir in diesem Sinne auch mit unseren materiellen Gaben dem Herrn dienen, dann können wir freimütig beten, dass er auch andere bewegt, in ähnlicher Weise mitzuhelfen am Bau seines Reiches!

*d) Der falsche Umgang mit den **Geschwistern** in der Gemeinde ist ein großes Gebetshindernis.*

»Die Sonne gehe nicht unter über eurem Zorn, und gebt dem Teufel keinen Raum« (Eph 4,26). – Es ist eigenartig, aber das größte Problem in der »Kampfbahn des Glaubens« scheint der rechte Umgang mit den eigenen Glaubensgeschwistern zu sein! Wie viel Neid und Streit auch unter Gläubigen! Alle neutestamentlichen Schreiber behandeln dieses Thema. Ob es die Korinther waren, die sogar vor die Gerichte zogen, um sich dort gegenseitig zu verklagen (1Kor 6,6), oder die Empfänger des 1. Johannesbriefes, die offensichtlich daran erinnert werden mussten, dass fehlende Bruderliebe sogar als Indiz für fehlende Gotteskindschaft gedeutet werden kann: »Wir wissen, dass wir aus dem Tod zum Leben gelangt sind, denn wir lieben die Brüder. Wer den Bruder nicht liebt, bleibt im Tod« (1Joh 3,14). Nicht zuletzt auch die lange Liste betreffs solcher Leute, die sich auf das Christentum berufen, »eine Form der Gottseligkeit haben«, aber in ihrem Verhalten zueinander eher auf das Gegenteil schließen lassen (2Tim 3,1ff.). Und bemerkenswert erscheint mir auch die Tatsache, dass die in Galater 5,19ff. aufgeführten »Werke des Fleisches« neben den Unzuchtsünden und dem Götzendienst in noch viel stärkerem Maße das Fehlverhalten im zwischenmenschlichen Bereich behandeln. Ja, macht obiger Vers, der auf die Sünde der Unversöhnlichkeit hinweisen will, nicht deutlich, dass ein solches Fehlverhalten sogar zu einer okkulten Belastung führen kann?

Doch »Gott sei Dank« gibt es eine Lösung: »Vergebt einander, so wie Gott euch in Christus vergeben hat« (Eph 4,32). Je mehr ich begriffen habe, wie unermesslich groß meine Schuld vor Gott ist und wie viel er mir vergeben hat, desto leichter wird es mir fallen, auch meinem größten Feind von Herzen zu vergeben – wie viel mehr erst recht meinen Brüdern und Schwestern in Christus! Und dann in der recht verstandenen »Bruderliebe« mich zu bemühen, ihre wahren Bedürfnisse kennenzulernen, um ihnen in der rechten Weise zu begegnen. Wo könnte dies besser geschehen als in der Gemeinde, der großen Familie der Kinder Gottes, da, wo jeder einen Auftrag zum Wohl des Nächsten empfangen hat (Eph 4,25) gemäß der Gabe, die der Herr ihm verliehen hat (1Kor 12,4ff.)? Und wo das Gebet nicht selten uns die Augen öffnet für die Bedürfnisse des anderen und uns vorbereitet in der Stille vor Gott, um zur rechten Zeit in der Gesinnung unseres Herrn diesen seinen Auftrag auch auszuführen. Und indem ich mich in dieser Weise vom Herrn der Gemeinde gebrauchen lasse, erfahre ich, wie er meine Gebete auch im Hinblick auf das geistliche Wohl meiner Geschwister erhört!

e) Der falsche Umgang mit ***christusfernen Menschen*** *ist ein großes Gebetshindernis.*
Wie sieht es aus mit meinem Verhältnis zu Nachbarn und Berufskollegen? Bin ich bekannt als jemand, der sich um andere kümmert? Der jederzeit ansprechbar ist und Hilfe leistet, wenn jemand in Not geraten ist? Der nicht gleichgültig am Elend seiner Mitmenschen vorübergeht (siehe Gleichnis vom »Barmherzigen Samariter«)? Oder bin ich eher dafür bekannt, dass ich meine eigenen Interesse notfalls auch mit Gewalt durchzusetzen versuche? Der sich auf Kosten anderer bereichert? Radfahrermentalität: nach oben buckeln und nach unten treten? Wenn Paulus dem Timotheus im Hinblick auf die geforderten Eigenschaften eines Aufsehers schreibt: »Er muss aber auch ein gutes Zeugnis von denen haben, die draußen sind …« (1Tim 3,7), so wollte er sicher nicht damit sagen, dass für die anderen, die keine Aufseher in der Gemeinde sind, dies nicht zu gelten habe! Im Gegenteil: Wir müssen bekennen, dass unser Versagen auf diesem Gebiet vermutlich das Haupthindernis ist für die mangelnde Annahme des Evangeliums in unseren Breiten. Es ist doch so: Noch niemals in der Menschheitsgeschichte wurde so viel evangelisiert in Europa wie heute – und doch gab es wohl kaum jemals eine Zeit, wo die Resultate so dürftig waren und bleibende geistliche Frucht eher selten anzutreffen ist. Erst durch unser gelebtes christusähnliches Zeugnis wird die Botschaft, die wir verkündigen, glaubwürdig! Weder die Anpassung an die Welt noch die Übernahme ihrer Methoden erleichtert es dem christusfernen Menschen, sich der einzigen Tür, die zum Himmel führt, zu nähern. Es sind Christen, die das Wesen Christi widerspiegeln und die sein Eingreifen auch als Antwort auf ihre Gebete erfahren, die sie im Bewusstsein ihrer eigenen Schwachheit, aber auch im Vertrauen auf seine Kraft zu ihm emporsenden, der versprochen hat, das »Gebet des Gerechten« zu erhören (Jak 5,16).

f) Der falsche Umgang mit dem ***Okkulten*** *ist ein großes Gebetshindernis.*

Wie wir uns hier zu verhalten haben, wird uns an manchen Stellen quer durch die Bibel mitgeteilt. Es gilt, diesen Bereich zu meiden wie die Pest! Absolut keinen Umgang zu pflegen! Wenn der Teufel von sich aus angreift, dann gilt es, ihm standzuhalten mit der Waffenrüstung Gottes (Eph 6,10ff.), wobei auch das Gebet eine nicht zu verachtende Rolle spielt! Und auch Petrus ermahnt uns in seinem ersten Brief, dem Teufel zu widerstehen (1Petr 5,9), indem wir nüchtern sind und wachen. Doch nirgends gibt es einen Hinweis, selber anzugreifen oder sogar die Dämonen in den Abgrund zu schicken, wie es einige in ihrer Vermessenheit versuchen. Der Kampf gegen den Teufel und seine Vasallen ist rein defensiv und kein Angriffskrieg!

An dieser Stelle sei ein kleiner Hinweis auf ein Gebiet erlaubt, das in der Seelsorge eine immer größere Rolle spielt, wenn es um mangelnde Hingabe geht, um fehlende Heilsgewissheit, um selten erlebte Freude, ständigen Unfrieden im Herzen, Unversöhnlichkeit, Kritiksucht und Ähnliches. Nicht selten stellt sich heraus, dass die ratsuchende Person ein übersteigertes Vertrauen in die sogenannte Alternativmedizin hat und nach der Devise lebt: »Hauptsache, es hilft!« Ob Homöopathie, Irisdiagnose, Pendel, Wünschelrute, Akupunktur und dergleichen: Alles ist willkommen, wenn es nur Aussicht auf Linderung oder Heilung schenkt! Wie viele begeisterte Anhänger fand nicht seinerzeit das Buch von Maria Treben, »Gesundheit aus der Apotheke Gottes«? Bis sich herausstellte, aus welch dunklen Quellen die Verfasserin ihr »Wissen« schöpfte! Und selbst danach fanden sich immer wieder solche, die trotz aller Warnungen sich diesem »Ratgeber« anvertrauten und sich dann nur wunderten, warum sie plötzlich keine Lust mehr zum Bibellesen hatten, das Gebet vernachlässigten, die Gemeinschaft der Kinder Gottes mieden usw. – Der Teufel verspricht viel und hält wenig! Auch unsere Gesundheit liegt in Gottes Hand. Und wenn er will, kann und wird er uns heilen, ob mit oder ohne Arzt! Auch der Gang zum »Schulmediziner« sollte von Gebet begleitet sein, denn unser Leben steht allein in Gottes Hand! Der Teufel ist nicht unser Gesprächspartner und schon gar nicht unser Wohltäter! Folglich schließen wir: Der rechte Umgang mit dem Okkulten heißt: Überhaupt keinen Umgang mit ihm pflegen!

g) Der falsche Umgang mit der ***verborgenen Schuld*** *ist ein großes Gebetshindernis.*

Die klassische Beschreibung zu diesem letzten Punkt finden wir in Psalm 32. David, der Mann nach dem Herzen Gottes, wird zum Ehebrecher und Mörder. Er versucht mit allen Mitteln, diese seine Schuld zu vertuschen und aus seinem Gedächtnis zu verdrängen. Und das Ergebnis dieses Verhaltens schildert er in den Versen 3 und 4 dieses Psalms: »Als ich schwieg, zerfielen meine Gebeine durch mein Gestöhn den ganzen Tag. Denn Tag und Nacht lastete auf mir deine Hand; verwandelt wurde mein Saft in Sommergluten.« Er merkt: »Verdrängen, verheimlichen, vertuschen – all das hilft mir letztendlich nicht; denn Gott hat es gesehen!« Er erkennt: »Es ist seine Hand, die mich schlägt und die mir keine Ruhe lässt – selbst bis in die tiefsten Träume hinein!« Er kommt nicht mehr zur Ruhe. Und hat »null Bock auf nichts«! Keine Kraft, kein Antrieb, Lustlosigkeit, Hoffnungslosigkeit! Wie soll es weitergehen? Von selber findet er nicht mehr heraus. Da greift Gott ein und schickt ihm seinen Seelsorger Nathan (2Sam 12). Und David bricht zusammen unter der Last der Anklage. »Ich habe gesündigt.« Und gleichzeitig wirft er sich in die Arme Gottes. Er weiß: »Barmherzig ist der Herr, langsam zum Zorn und groß an Güte und Erbarmungen« (2Mo 34,6).

Und so schreibt er diesen Psalm, wo er in aller Öffentlichkeit (noch deutlicher in Ps 51) seine Sünde bekennt und die Vergebung des Herrn rühmt. So dürfen auch wir zu unserem Vater im Himmel kommen, wenn sich Schuld in unserem Leben aufgehäuft hat: Schuld gegenüber Gott oder auch gegenüber unserem Nächsten. Schuld, die zu bekennen uns vielleicht sehr schwer fällt. Uns vielleicht in den Augen der Welt oder auch der Gemeinde herabsetzt und demütigt, die wir aber nur loswerden, wenn wir sie aufrichtig Gott bekennen und – falls wir auch an Menschen schuldig geworden sind – auch diesen Personen direkt und nicht nur unserem Seelsorger gegenüber (wie es König Saul einige Jahre vorher bei Samuel tat, aber gleichzeitig geehrt werden wollte vor den Ältesten seines Volkes und daher von Gott verworfen wurde, weil Gott Heuchelei über alles hasst – siehe 1Sam 15). Der rechte Umgang mit der verborgenen Schuld heißt also: Mit ihr ans Licht, auch wenn es uns vielleicht viel kostet! »Wer seine Verbrechen zudeckt, wird keinen Erfolg haben; wer sie aber bekennt und lässt, wird Erbarmen empfangen« (Spr 28,13), und dann diese herrliche Zusage: »Wenn wir unsere Übertretungen bekennen, so ist er treu und gerecht, dass er uns die Sünden vergibt und uns reinigt von aller Ungerechtigkeit« (1Joh 1,9). – Auch nach seinem tiefen Fall wird David noch »der Mann nach dem Herzen Gottes« (1Sam 13,14; Apg 13,22) genannt: sicher nicht, weil er so vollkommen gelebt hätte, frei von aller Sünde und siegreich in allen Versuchungen. Wohl aber, weil er aus der Gnade Gottes schöpfte und auch die Demut besaß, seine Fehler offen zuzugeben – und den Glauben, dass der Herr ihn trotz allem Versagen letztendlich nach Hause bringen würde, so wie er es in Psalm 23 ausdrückt: »Ich werde wohnen im Haus des Herrn immerdar« (V. 6).

Zusammenfassung

Vielleicht werden Sie jetzt fragen: »Ja, wenn das so ist, wer kann da noch hoffen, öfters Gebetserhörungen zu erleben?« Oder vielleicht auch: »Ja, aber ich habe doch selber schon oft erlebt, wie der Herr auf meine Gebete geantwortet hat, auch ohne dass ich all diese Anweisungen und Hinweise im Einzelnen beachtet hätte!« Nun, ich glaube, dass Gott in der Vergangenheit sicher manches Gebet erhört hat, auch ohne dass alle diese Voraussetzungen und Bedingungen vorhanden gewesen wären. Doch wenn es um die Erfahrung *beständiger* Gebetserhörungen geht, scheinen mir die geschilderten Hinweise durchaus hilfreich zu sein. Nicht zuletzt auch im Hinblick auf manch quälende Frage, wo zwar sehr intensiv und glaubensstark gebetet wird, aber offensichtlich auch nach Jahren noch keine Erhörung festzustellen ist!

Möge der treue Herr uns allen helfen,
in ihm zu bleiben,
nach dem Willen Gottes zu beten,
in seinem Namen zu bitten
nicht »übel« zu bitten (reine Motive zu haben),
ausdauernd zu beten,
demütig zu bitten,
und der Heiligung nachzujagen, ohne die niemand den Herrn schauen wird.

Dann werden wir nicht nur ein »Jahr der Stille« erleben, sondern aus der Stille Kraft schöpfen, um ein Leben lang in seinem Sieg zu leben, und sein Eingreifen in unser Hier und Heute täglich neu in überaus beglückender und realer Weise erfahren!

Mein »Jahr der Stille«

Lothar Schäfer

21. August 2008, 14.50 Uhr:
In der Ambulanz des Bezirkskrankenhauses steht der Chefarzt und eröffnet mir die Diagnose: »Herr Schäfer, noch heute Abend müssen wir Sie operieren. Wegen der Bakterien in Ihrem rechten Hüftgelenk, die bereits die rechte Schulter in Mitleidenschaft gezogen haben, muss die Hüftprothese schnellstens entfernt werden. Ob Sie noch einmal auf die Beine kommen, kann ich Ihnen nicht sagen. Ich weiß nur, dass wir schnellstens handeln müssen, um Sie vor Schlimmerem zu bewahren.«

Während die Vorbereitung für meine Operation sofort anläuft, sucht mich der Anästhesist auf. Er ist äußerst besorgt über die Diagnose und hält seine Anteilnahme nicht zurück. Doch ich sage: »Herr Doktor, ich habe vorhin mit meiner Tochter Marika, die mich begleitete, gebetet und die Angelegenheit meinem Vater im Himmel übergeben. Darum kann ich jetzt getrost und zuversichtlich der Operation entgegensehen.« Sehr erstaunt meinte dieser daraufhin: »Das ist eine gute Sache, wenn man in diesem Glauben und Vertrauen eine OP angehen kann.«

Wenn man still sein muss

Als ich am 22. August aus der Narkose erwachte, fand ich mich buchstäblich ans Bett angebunden. Man hatte mir, damit sich die Muskulatur nicht zu stark zurückbildet und das Bein verkürzt, ein Gewicht von sechs Kilogramm über eine Umlenk-Rolle am Bein befestigt. Ich konnte nicht ahnen, dass ich in dieser Position, auf dem Rücken liegend, das Bett für neun Wochen nicht mehr verlassen würde! Die Wunde war nur verklebt, weil in den nächsten Tagen mehrmals Spülungen erfolgten, die ebenfalls unter Narkose durchgeführt wurden. Für die nächsten fünf Tage war die Intensivstation mein Zuhause.

An eine Situation auf der Intensivstation kann ich mich ganz besonders erinnern. Ich erwachte unter sehr starken Schmerzen aus einer Narkose nach der Spülung meiner rechten Schulter. Mit einem Gewicht am Bein und den Schmerzen in der Schulter lag ich ohne jede Bewegung da. Meine Frau Karin war noch nicht angekommen, wofür ich sehr dankbar war. Sie hätte mir nicht helfen können und hätte mehr gelitten als ich. Während ich diese Zeilen schreibe, füllen sich meine Augen erneut mit Tränen, denn plötzlich sah ich meinen wunderbaren Herrn am Kreuz hängen. Die Ärzte, Schwestern und Pfleger waren so rührend um mich bemüht, um mir die Schmerzen so erträglich wie möglich zu machen. Ich fühlte mich einfach in ihrer Obhut geborgen! Wie ganz anders war es bei meinem Heiland und Herrn Jesus Christus. Meine Blicke gingen hinauf ans Kreuz von Golgatha. Dort hing er zwischen Himmel und Erde. Ich hörte ihn rufen: »Mein Gott, mein Gott, warum hast du mich verlassen, fern von meiner Rettung sind die Worte meines Gestöhns … Sei nicht fern von mir, denn Not ist nahe, denn kein Helfer ist da.«

Am liebsten würde ich den ganzen Psalm 22, aus dem diese Worte stammen, hier niederschreiben – oder noch besser: wenn möglich, in unser Herz eingravieren.

Meine Familie und viele Glaubensgeschwister – dessen war ich mir gewiss – waren mit ihren Gedanken und Gebeten bei mir. Der Herr Jesus selbst ließ mich seine Nähe und seinen Beistand spüren und gab mir ganz neu die Zusage: »Ich will dich nicht verlassen noch dich versäumen« (Hebr 13,5). Tief bewegt und ergriffen von dieser Liebe meines Herrn hat mein Herz gejubelt und gebetet: »Herr hilf mir, für den Rest meines Lebens niemals gleichgültig fernzubleiben, wo du verheißen hast, gegenwärtig zu sein, und wo man sich versammelt, um an dein Sterben für meine Sünden zu denken und dich anzubeten.«

Immer wieder überwältigt es mich, dass es möglich und im Glauben erfahrbar ist, was David in Psalm 23 in den Versen 4 und 5 sagt: »Auch wenn ich wandere im Tal des Todesschattens, fürchte ich kein Unheil, denn du bist bei mir, dein Stecken und dein Stab, sie trösten mich. Du bereitest vor mir einen Tisch angesichts meiner Feinde; du hast mein Haupt mit Öl gesalbt, mein Becher fließt über.«

Ebenso bewegte mich der bekannte Liedvers von Gerhard Tersteegen: »Ich bete an die Macht der Liebe, die sich in Jesus offenbart. Ich geb mich hin dem freien Triebe, womit ich Wurm geliebet ward. Ich will, anstatt an mich zu denken, ins Meer der Liebe mich versenken.«

Wie eine Ärztin zur Erfüllungsgehilfin Gottes wird

Am 27. August auf der Normalstation angekommen, gab es ein neues Problem. Aufgrund mehrmaliger Narkose war meine Verdauung noch nicht in Gang gekommen, was sehr starke Schmerzen zur Folge hatte. Es folgte eine Nacht, die mir in Erinnerung bleiben wird. Eine Ärztin und eine Nachtschwester waren sehr liebevoll um mich bemüht und taten ihr Äußerstes, um mir zu helfen. Gegen Morgen wurde ich erneut auf die Intensivstation verlegt, auf der man dann mein Problem in den Griff bekam. Bevor die Ärztin ihren Dienst beendete, kam sie noch einmal zu mir. Sie schaute mich an und fragte: »Woher nehmen Sie die Kraft? Ich habe Sie vergangene Nacht immer wieder beobachtet.« Es war eine gute Gelegenheit, ihr Zeugnis zu geben von Christus Jesus, der die Quelle unserer Kraft ist. Wieder zurück auf Station, bekam ich eine Karte mit einem ermutigenden Vers aus Jesaja 41,13: »Ich bin der Herr, dein Gott, der deine Rechte ergreift, der zu Dir spricht: Fürchte dich nicht! Ich, ich helfe Dir.« War es nicht die Ärztin, die in dieser Nacht immer wieder meine Hand ergriffen und ohne Worte neben meinem Bett gestanden hatte? Der Herr hatte sie gebraucht, um mir Ruhe und Trost zu vermitteln. Welch ein wunderbarer Herr, der zu seinem Wort steht!

Versvorrat für schlechte Zeiten

Es dauerte eine Zeit, bis ich wieder die Kraft hatte, meine Bibel oder ein Buch zu lesen. Wie dankbar und gleichzeitig überwältigt war ich, die vielen Verse und Abschnitte aus der Bibel, die ich im Laufe meines Lebens auswendig gelernt hatte, abrufen und mich daran erfreuen zu können! Salomo sagt so treffend im Buch der Sprüche 30 in den Versen 24 und 25: »Diese vier sind die kleinen im Lande, und doch sind sie überaus weise: die Ameisen [es werden in den folgenden Versen noch weitere drei Tiere genannt] – kein starkes Volk. Aber sie sammeln im Sommer ihre Speise.«

Wie wichtig und gut ist es, im Sommer oder – wie in meinem Fall – in guten Tagen zu sammeln, um Vorrat, einen biblischen Versvorrat, für schwierige Zeiten zu haben!

An einem Nachmittag klingelte das Telefon. Ein junger Glaubensbruder meldete sich und fragte: »Lothar, können wir dich besuchen?« Mit großer Vorfreude erwartete ich ihn – und seine junge Frau Gabi, Mutter von mehreren Kindern. Gabi verlor durch eine Bakterienvergiftung einen Arm. In dem Buch »Ja Vater« (Verlag CLV) schilderte sie, wie sie diese schlimme Zeit des Verlustes mit Gottes Hilfe durchgestanden hat.

Als Andreas, ihr Mann, zur Tür hereinkam, fragte er meinen Bettnachbarn: »Kann ich noch jemanden mitbringen?« Dieser stimmte freudig zu, und wir staunten nicht wenig, als Andreas statt seiner Frau ca. 25 Jugendliche im Schlepptau hatte. Wie gern erinnere ich mich daran. Die Lieder, die Gespräche und die Gebetsgemeinschaft, ein Stück Himmel auf Erden. Mein Herz war so erfüllt und überfließend in Dank und Anbetung.

Kurze Zeit später kam Andreas dann auch mit Gabi zu Besuch. Sie brachte mir das Buch »Der Gott, den ich liebe« von Joni Eareckson Tada mit. Die Amerikanerin erlitt in jungen Jahren einen Badeunfall. Dabei brach sie sich einen Halswirbel. Dieser Bruch führte zu einer Querschnittslähmung. Beim Lesen dieses Buches von Joni war ich immer wieder überwältigt, dass gerade tiefe Wege, die der Herr die Seinen führt, auf wunderbare Höhen führen. Bei Joni ist das ganz besonders zu erkennen. Welch ein wunderbarer Herr!

Ein Abschnitt dieses Buches hat mich besonders bewegt: »Das ist der Gott, den ich liebe. Der Mittelpunkt, der Friedensstifter, der Passierschein ins Abenteuer, die Antwort auf unsere tiefsten Sehnsüchte. Die Antwort auf all unsere Ängste, der Schmerzensmann und Herr der Freude, der zulässt, was er hasst, um zu erreichen, was er liebt.«

Die meiste Zeit während meines Krankenhaus-Aufenthaltes lag ich allein auf dem Zimmer. Dann konnte ich singen und meinen Herrn loben, aus vollem Herzen. Einmal ging plötzlich die Tür auf und drei Schwestern standen in der Tür und wollten diesem »seltsamen Ein-Mann-Chor« zuhören. In diesen neun Wochen wuchsen die Pfleger und Schwestern und ich zu einem Team zusammen – wobei ich ihre Liebe und Fürsorge genoss, während ich das Bett hütete und immer wieder auf ihre Hilfe angewiesen war. Für mich war es eine Freude, sie lachen und miteinander scherzen zu hören.

Eine Tröstende wird getröstet

An einem Vormittag – mein Bettnachbar war damit beschäftigt, Rätsel zu lösen – trat eine nette »grüne Dame« [ehrenamtliches Hilfspersonal] ins Zimmer und fragte, ob wir etwas bräuchten, was sie besorgen könne. Als sie an mein Bett kam, sah ich ihr Mitleid und empfand, dass sie nach Worten suchte, um mir in meiner misslichen Lage Trost zuzusprechen. Auf die wunderschönen Sonnenblumen verweisend, die auf meinem Tisch standen, gab mir der Herr Jesus eine gute Gelegenheit, auf meinen Schöpfer hinzuweisen, der nicht nur diese Blumen, sondern auch mich geschaffen hat und sogar noch mehr, nämlich sein Liebstes und Bestes auf Golgatha für mich gegeben hat. Sie setzte sich an mein Bett und hörte gespannt das Evangelium. Mein Bettnachbar, der bisher immer abgeblockt hatte, wenn ich mit ihm über das Evangelium reden wollte, legte seinen Stift zur Seite und lauschte unserem Gespräch. Nachmittags kam seine Frau zu Besuch, und ich hörte, wie er zu ihr sagte: »Die Leute kommen, um ihn zu trösten, aber er tröstet sie.« Wie wunderbar sind die Führungen unseres Herrn!

Täglich erreichten mich ermutigende Anrufe, und die Station hätte fast Verstärkung gebraucht, um die viele Post aufs Zimmer zu bringen. Die Gespräche mit den Besuchern, all das war so erbaulich, und abends, wenn ich Rückschau hielt, war mein Herz so voller Dank und Anbetung, und ich liebte die abendliche und nächtliche Stille. Schlafen war nicht so meine Stärke, und so hatte ich viel Zeit, mit meinem Herrn zu reden, mit ihm auf Reisen zu gehen, der mir so viele Begegnungen in so vielen Ländern geschenkt hatte. Ja, unser Herr ist nicht langweilig, seine Nachfolge ist spannend, selbst wenn man ans Bett gebunden ist. Eine sehr schöne Erfahrung, die mein Leben nachhaltig geprägt und bereichert hat!

Meine liebe Frau Karin, die fast jeden Tag an meinem Bett verweilte, durfte ich auch immer wieder trösten, dass ich zwar äußerlich in einer misslichen Lage war, aber mein Herz sich der herrlichen Freiheit in Christus erfreute.

Lothar, ich hab dich lieb!

Bevor Ärzte, Krankenschwestern und -pfleger ihren Dienst antraten, durfte ich für sie beten, dass der Herr ihnen Weisheit, Liebe und Kraft und viel Geduld für die vielen, so verschiedenen Patienten gibt. Eine Schwester kam eines Tages in mein Zimmer und brachte mir ein zusätzliches Nachtschränkchen. Sie stellte es ab mit den Worten: »Das können Sie für Ihre Bücher nehmen, Sie haben ja eine kleine Bibliothek an ihrem Bett.« Da viele Freunde und Glaubensgeschwister wussten, dass ich gerne lese, hatte sich wirklich eine kleine Bibliothek angesammelt. Das wertvollste und einzigartigste Buch ist und bleibt jedoch Gottes wunderbares Wort. Es spricht in unsere Lebenssituationen und zeigt uns Gottes Ziele und Absichten mit uns. Oft habe ich schon folgenden Textabschnitt aus Hebräer 12 gelesen: »Mein Sohn, schätze nicht gering des Herrn Züchtigung und ermatte nicht, wenn du von ihm gestraft wirst. Denn wen der Herr liebt, den züchtigt er ...« (V. 5.6). Gott behandelt uns als Söhne. Strafe? Züchtigung?

Merkwürdigerweise bewegten aber gerade diese Verse mein Herz zutiefst und erfüllten mich mit großer Freude und Dankbarkeit. Welch ein wunderbarer Vater, *mein Vater*. Er liebt mich, legt mich hier aufs Krankenbett mit dem Ziel, mich näher zu sich zu ziehen, damit ich seiner Heiligkeit teilhaftig werde.

Nur Gott weiß, wie oft ich diese Verse gelesen habe, und er machte mir deutlich: »Du wirst einmal ihm, deinem Herrn, gleich sein (1Joh 3,2), und ich möchte, dass du hier schon immer mehr dem entsprichst, was in der Herrlichkeit vollkommen sein wird.« Wahrscheinlich würde niemand den Mut haben, mir diese Verse zu lesen, auch ich würde es niemals tun, doch der Herr selbst, der so Unsagbares an meiner statt gelitten hat, stand an meinem Bett. »Lothar, ich hab dich lieb!«

Diese neun Wochen waren für mich eine besondere Zeit der Stille und der Gemeinschaft mit dem Herrn Jesus Christus, der mir die Kraft gab, diese Zeit zu durchleben – ohne Aussicht, je wieder laufen zu können.

Alle nach dem Krankenhausaufenthalt angeschriebenen Kliniken lehnten einen Wiedereinbau einer Hüftprothese bei mir ab. Dies war für mich sehr hart, doch der Herr hatte einen anderen Plan! Die Ärzte der Uniklinik Bonn waren dann doch bereit, mir nach einem erneuten Restausbau der alten Prothese im Frühjahr 2009 eine neue Hüftprothese einzusetzen.

Auch in all den Monaten, die ich dann nicht mehr im Bett, sondern im Rollstuhl verbrachte, war es für mich ein Geheimnis, dass der Herr mir jeden Tag aufs Neue innere Ruhe und Gelassenheit schenkte entgegen meiner Natur, die viel eher zur Aktivität neigt. Die liebevolle Versorgung durch meine Frau, die ebenso herzliche Anteilnahme meiner Kinder, der Glaubensgeschwister in der Gemeinde, Jung und Alt, alle waren darauf bedacht, mir diese Zeit so angenehm wie möglich zu machen. Auch zu Hause klingelte das Telefon oft, und der Postbote hatte viel zu bringen.

Es war eben ein besonderes Jahr – mein »Jahr der Stille«

Am 27. April 2009 bekam ich dann in der Uniklinik Bonn ein neues Hüftgelenk.

Wenn ich heute mit zwei Gehhilfen unterwegs bin, kann ich immer nur staunen und meinen Herrn anbeten. »Alle Züchtigung scheint uns zwar für die Gegenwart nicht Freude, sondern Traurigkeit zu sein, nachher aber gibt sie denen, die durch sie geübt sind, die friedvolle Frucht der Gerechtigkeit« (Hebr 12,11).

»Darin jubelt ihr, die ihr jetzt eine kleine Zeit, wenn es nötig ist, in mancherlei Versuchung betrübt worden seid, damit die Bewährung eures Glaubens viel kostbarer befunden wird als die des vergänglichen Goldes, das durch Feuer erprobt wird, zu Lob und Herrlichkeit und Ehre in der Offenbarung Jesu Christi; den ihr liebt, obgleich ihr ihn nicht gesehen habt; an den ihr glaubt, obwohl ihr ihn jetzt nicht seht« (1Petr 1,6-8).

Anhang 1
Was sagt die Bibel zum Anbetungstanz?

Ulrich Skambraks mit Material von Alexander Seibel

Mit Aufkommen der Charismatischen Bewegung Ende der 1960er-Jahre eroberte unter dem Motto »Lobpreis« auch das Tanzen mehr und mehr die Gemeinden und Gottesdienste. Eine Art Initialzündung für die weltweite Verbreitung war der Weltmissionskongress »Lausanne II« 1989 im philippinischen Manila. Dutzende philippinischer Jugendlicher kamen mit leuchtenden Lämpchen in den Versammlungssaal geströmt und tanzten auf der Bühne zu dem Lied »Shine, Jesus, shine« (»Leuchte, Jesus, leuchte«; auf Deutsch bekannt unter dem Titel »Herr, das Licht deiner Liebe leuchtet auf«).

Befürworter des Anbetungstanzes berufen sich darauf, dass Gott den Menschen schließlich ganzheitlich geschaffen habe und es deshalb ein legitimes Mittel sei, auch durch seinen Körper seiner Freude Ausdruck zu verleihen. Dafür gebe es doch im Alten Testament genügend Belege. Als »Kronzeuge« wird fast immer König David zitiert, der bekanntlich vor der Bundeslade getanzt hat.

In der Geschichte Israels werden nun tatsächlich drei Ereignisse erwähnt, bei denen Israel, jedes Mal unter der Führung von Frauen, zum Reigen tanzte, um seiner Freude über Gottes Eingreifen und große Taten Ausdruck zu verleihen.

Nach dem Untergang der Armee des Pharaos heißt es: »Da nahm Mirjam, die Prophetin, Aarons Schwester, eine Pauke in ihre Hand, und alle Frauen folgten ihr nach mit Pauken im Reigen« (2Mo 15,20-21).

Aus diesem Beispiel ist erkennbar, wie der Tanz Ausdruck der Freude des Sieges über einen sichtbaren Feind ist. Nichts ist natürlicher, als z. B. bei der Nachricht von der Kapitulation des Gegners bzw. des Endes eines Krieges in Jubel auszubrechen und in den Straßen zu tanzen.

Nun haben wir aber im Neuen Testament bekanntlich keinen sichtbaren Feind mehr (Eph 6,12), und außerdem ist gemäß Römer 8,23 unser Leib nicht erlöst.

Wir sind zwar ganzheitlich unter die Sünde gefallen, aber eben nicht ganzheitlich erlöst. Das geschieht erst bei der endgültigen Verwandlung der Gläubigen (1Kor 15,52-55). Deshalb ist es völlig unangemessen, mit Tanz Gott anzubeten.

Der Reigentanz im Alten Testament

Doch was ist eigentlich ein Reigentanz? Ist er mit einem Walzer, dem modernen Hip-Hop oder einem Anbetungstanz direkt zu vergleichen? Ein Reigen ist ein Reihentanz, zu dem sich die Personen im Kreis stehend die Hände reichen und sich wie beim Ringelreihen der Kinder im Kreis herum bewegen.

Mirjams Reigen wird durch die großen, soeben erlebten Taten Gottes ausgelöst, die bei ihr und dem Volk solch eine Jubelstimmung bewirken, dass sie spontan mit den Frauen Israels im Reigengesang die Treue Gottes preist. Der Impuls kam von Gott und führte zu Gott.

Das nächste Ereignis, bei dem Tanzen in der Bibel erwähnt wird, ist das Tanzen von Jephtas Tochter (Ri 11,32-34). Sie kam ihrem Vater im Reigen tanzend entgegen, als er aus einer siegreichen Schlacht zurückkehrte.

Eine ähnliche Situation wird in 1. Samuel 18,6-7 beschrieben: »Es begab sich aber, als David zurückkam vom Sieg über die Philister, dass die Frauen aus allen Städten Israels herausgingen mit Gesang und Reigen dem Saul entgegen unter Jauchzen, mit

Pauken und Zimbeln. Und die Frauen sangen im Reigen und sprachen: Saul hat tausend erschlagen, aber David zehntausend.«

Hier ist zu betonen, dass keines der Ereignisse Inhalt eines normalen Gottesdienstes war. Es handelte sich um spontane Freudenkundgebungen über die Siege Gottes, die damals auch noch mit vielen Erschlagenen aufseiten des Feindes verbunden waren.

Dann wird der Tanz bzw. der Reigen öfters in den Psalmen – insgesamt viermal (Ps 30,12; 87,7; 149,3; 150,4) – erwähnt, wobei besonders die beiden letzten Psalmen von Befürwortern des Tanzes heute gerne ins Feld geführt werden.

Auch Schwester Marianne Bernhard führt in ihrem Beitrag für das Ideenheft zum »Jahr der Stille 2010« Psalm 149 als Wurzel für den Gebetstanz an. Dort heißt es ab Vers 2: »Israel freue sich an seinem Schöpfer! Die Kinder Zions sollen jubeln über ihren König! Sie sollen seinen Namen loben im Reigen, mit Tamburin und Laute ihm lobsingen.«

Doch ist es gerechtfertigt, eine solche Einzelstelle völlig aus dem Zusammenhang zu reißen und für heutige Vorstellungen und Wünsche zu missbrauchen?

Nur drei Verse weiter wird nämlich ein für heutige Verhältnisse bestialischer Aspekt mit dem Jubelreigen in Verbindung gebracht: »Das Lob Gottes sei in ihrem Munde und ein zweischneidiges Schwert in ihrer Hand, um Rache zu üben an den Heidenvölkern, Strafe an den Nationen, um ihre Könige mit Ketten zu binden und ihre Edlen mit Fußeisen« (Ps 149,6-8). Von daher betrachtet ist das genannte Tanzen in Psalm 149 eher in das Umfeld eines Kriegstanzes zu bringen als in das eines meditativen Tanzes mit Geist, Leib und Seele.

Diese nähere Betrachtung zeigt uns, dass solche Stellen unmöglich direkt auf die gegenwärtige Zeit übertragbar sind. Christen leben heute im »Zeitabschnitt der Gemeinde«. Er begann mit der Ausgießung des Heiligen Geistes zu Pfingsten im Jahr 29 oder 30 nach Christus.

Psalm 149 bezieht sich auf Verheißungen für das irdische Bundesvolk Israel und gibt einen Ausblick auf das messianische Friedensreich, das erst nach dem Zeitabschnitt der Gemeinde beginnen wird. In diesem Zusammenhang spricht auch der Prophet Jeremia vom Reigentanz als von einem Ausdruck der Freude des erretteten Israels im messianischen Reich (Jer 31,13). Heilsgeschichtlich gesehen ist es aber mehr als problematisch, solche Passagen zur Direktumsetzung für den neutestamentlichen Gottesdienst einzufordern.

Klar ist: Das Volk Israel pflegte den Reigentanz bei besonderen Angelegenheiten, etwa bei Siegen oder Festen, als Ausdruck seiner Freude. Mit dem normalen Gottesdienst hatte dies allerdings nichts zu tun. Deswegen ist es auch nicht verwunderlich, dass im Gesetz des Mose keine Silbe vom Tanzen zu finden ist. Dabei waren es ja gerade diese Anweisungen, die den Gottes- und Priesterdienst bis in kleinste Details regelten.

Die Stiftshütte als Ort des Gottesdienstes bekam Mose in 2. Mose 25–31 auf dem Sinai geoffenbart. Dort setzte Gott die Maßstäbe, wie er im Unterschied zu dem Heidentum der damaligen Zeit angebetet werden sollte. Direkt im Anschluss daran finden wir in 2. Mose 32 die traurigen Ereignisse um das Goldene Kalb. Dort wollte das Volk Israel Gott nach seinen eigenen Vorstellungen anbeten (2Mo 32,5) und glitt dadurch in die okkulten Praktiken des ägyptischen Götzendienstes ab. Ein Kennzeichen dieses Abfalls war der Tanz um das Goldene Kalb (2Mo 32,19). Übrigens ist dies die einzige Stelle, nicht nur im Alten Testament, sondern in der ganzen Bibel, in welcher Tanz als Bestandteil eines Gottesdienstes des Volkes Israels, besser gesagt eines Götzendienstes, gesehen wird. Das Ganze wird uns auch im Neuen Testament als nicht nachahmenswertes, sondern warnendes und abschreckendes Beispiel hingestellt (1Kor 10,7).

Eine weitere wichtige Erwähnung des Tanzes als Element des Götzendienstes finden wir in 1. Könige 18 bei der Auseinandersetzung des Propheten Elia mit den Baalspriestern auf dem Karmel. Es war ein Kennzeichen dieser Priester, dass sie bei der Anrufung ihres Götzen stundenlang um den Altar hüpften oder tanzten, bis sie schließlich in Ekstase gerieten (V. 27-29).

Im Gegensatz dazu steht das »stocknüchterne« Gebet des Propheten (V. 30-31), welches keine 30 Sekunden dauerte. Elia versuchte nicht – im Gegensatz zu den Baalspriestern –, sich durch einen ekstatischen Tanz für Gott zu öffnen. Sondern Gott antwortete auf diese ernst gemeinten Worte seines Knechtes umgehend.

Schon damals bewahrheitete sich eine Aussage aus dem Neuen Testament: »Das Gebet eines Gerechten vermag viel, wenn es ernstlich ist« (Jak 5,16b).

Doch wie ist das nun mit der »Kardinalstelle« für die angebliche Rechtfertigung des Tanzens heute, nämlich Davids Tanz vor der Bundeslade (2Sam 6,14)? Auch hier handelt es sich um eine besondere und nicht normale Begebenheit. Außerdem tanzte David laut Bibel ein einziges Mal (manche Ausleger sehen in 2. Samuel 6,5 Hinweise für ein zweites Mal) – das war's nach dem biblischen Zeugnis.

Leider wird heute viel zu oft in der Christenheit ein punktuelles Ereignis genommen, um daraus gleich ein Verhaltensmuster für bleibende Gottesdienstelemente abzuleiten. Man reißt Bibelstellen aus ihrem – auch zeitlichen und heilsgeschichtlichen – Zusammenhang heraus und bezeichnet sie flugs als »Wurzeln« für dies oder jenes. Viel zu wenig wird bei der Bibelauslegung ein Grundsatz beherzigt, der schlicht so lautet: Die Bibel spricht immer zu uns, aber nicht immer von uns!

Die Verlagerung vom Sichtbaren zum Unsichtbaren

Wer den Gott der Bibel kennt, weiß, wie gerade mit dem Beginn der Gemeindezeit, die nach Pfingsten bis heute andauert, die systematische Verlagerung des Sichtbaren in das Unsichtbare einsetzte. Das wohl bekannteste Beispiel dafür ist das Gespräch Jesu mit der Samariterin am Jakobsbrunnen aus dem Johannes-Evangelium, Kapitel 4:

Jesus trifft eine Samariterin am Jakobsbrunnen und fragt sie, ob sie ihm zu trinken geben kann. Im Gespräch teilt Jesus der Samariterin dann mit, er verfüge über »lebendiges Wasser des Lebens«. Daraufhin fragt ihn die Frau: »Herr, du hast ja keinen Eimer, und der Brunnen ist tief; woher hast du denn das lebendige Wasser?«

Die Samariterin denkt zwangsläufig in irdischen, sichtbaren Dimensionen. Doch durch die Begegnung mit Jesus bekommt sie Zugang zu einer unsichtbaren Dimension, die gleichwohl im Sichtbaren voll wirksam wird, deshalb antwortet Jesus: »Jeden, der von diesem Wasser [aus dem Brunnen] trinkt, wird wieder dürsten. Wer aber von dem Wasser trinkt, das ich ihm geben werde, den wird in Ewigkeit nicht dürsten, sondern das Wasser, das ich ihm geben werde, wird in ihm zu einer Quelle von Wasser werden, das bis ins ewige Leben quillt.«

Selbstverständlich geschah die Begegnung mit Gott auch im Alten Testament auf dem »normalen« Weg des Gebets. Aber oft bediente sich Gott eines speziellen Berges oder eines anderen besonderen Ortes der Gottesbegegnung, während er sich in der jetzigen Zeit auf die unsichtbare Dimension beschränkt. Kein Mensch muss mehr nach Jerusalem pilgern, um den wahren Gott anzubeten.

Insgesamt lässt uns Gottes Wort eine zunehmende Entwicklung vom Sichtbaren zum Unsichtbaren erkennen.

Zwei Stellen aus dem 2. Korintherbrief machen das auch unmissverständlich deutlich: »... da wir nicht auf das Sichtbare sehen, sondern auf das Unsichtbare; denn was sichtbar ist, das ist zeitlich, was aber unsichtbar ist, das ist ewig« (4,18). »Denn wir wandeln im Glauben und nicht im Schauen« (5,7).

Doch gerade in den letzten Jahrzehnten ist im sogenannten christlichen Abendland eine umgekehrte Entwicklung zu beobachten: Es geht wieder vom Unsichtbaren ins Sichtbare hinein.

Der Tanz im Neuen Testament

Will man nun das Thema »Tanz« mit neutestamentlichen Stellen belegen, die eigentlich für die Zeit der Gemeinde als Beleg authentischer wären, so wird man eine ziemliche Pleite erleben.

Es gibt eigentlich nur drei Stellen im Neuen Testament, die das Tanzen bzw. den Reigen erwähnen: zunächst Matthäus 11,16-17, wo Jesus einen Vergleich mit dem Kindertanzspiel vornimmt. Dann wird in Lukas 15,25 berichtet, wie die Heimkehr des verlorenen Sohnes mit Liedern und Reigen gefeiert wird.

Und dann in Markus 6 das Geburtstagsfest des Herodes Antipas, auf dem dessen Stieftocher Salome tanzte. Dieser erotisierende Tanz kostete Herodes den Verstand und Johannes den Täufer den Kopf. Der »Totentanz« der Salome ist das einzige Mal, wo im Neuen Testament wirklich getanzt wurde. Bei Jesus geht es um einen Vergleich mit einem Kindertanzspiel. Beim »verlorenen Sohn« handelt es sich um ein Gleichnis.

Diese Begebenheit auf dem Geburtstagsfest des Herodes Antipas veranlasste den »Fürsten der Prediger«, den englischen Baptisten Spurgeon, bei einem Vortrag zu demselben Thema zu folgender Aussage: »I have great fear talking about this subject, because the head of the first baptist [gemeint ist Johannes der Täufer, auf Englisch: »John the Baptist«; Anmerkung des Autors] was danced off.«

(Zu Deutsch: »Ich habe große Angst, über dieses Thema zu sprechen, denn der Kopf des ersten Täufers wurde weggetanzt.«)

Der neutestamentliche Befund zum Thema »Tanzen im Gottesdienst« ist eindeutig: Nirgendwo wird der Tanz für die Gemeinde und den Gottesdienst genannt, vorgestellt oder empfohlen.

Der tiefere Grund dafür scheint darin zu liegen, dass das Tanzen in religiösen Dimensionen eher zu einem sinnlichen Heidentum passt, das seine Religiosität mehr am Sichtbaren orientiert.

Es spricht schon für sich, dass die ältesten erhaltenen Dokumentationen des Tanzes in indischen Höhlen in Form von Malereien gefunden wurden. Also dort, wo pures Heidentum zu Hause war – und noch ist. Die Bilder sollen in der Zeit zwischen 5000 und 2000 vor Christus entstanden sein. Sie zeigen eine Reihentanz-Formation. Darstellungen der frühesten Formen des Hinduismus präsentieren den Gott Shiva als den »König des Tanzes«.

Von daher ist auch die erste Erwähnung des Tanzes in der Bibel – der Tanz der Israeliten um das Goldene Kalb – problemlos einzuordnen. Es ging um die sinnliche Anbetung eines sichtbaren Götzen – pures Heidentum.

Der Bibellehrer Benedikt Peters, der vor seiner Bekehrung zum Christentum mit Hindus und Muslimen in Indien zusammenlebte, schreibt in Verbindung mit den Ereignissen in Offenbarung 19,1-5, die eine wunderbare Anbetung Gottes beschreiben: »Es werden uns die *Gründe* genannt, warum der Himmel jubelt: Dreimal steht ein erklärendes ›denn‹. Das zeigt uns, dass Anbetung immer begründet ist. Sie wird durch Erkenntnis des Wesens, der Wege und der Werke Gottes geweckt. Das ist sehr wichtig in einer Zeit, da immer mehr Christen heidnische Vorstellungen von Anbetung haben: Sie denken, anbeten heiße, sich in erhabene Gefühle hineinzusteigern, sich durch äußerliche Stimulanzien wie entsprechende Musik, Händeklatschen, Tanzen usw. in eine besondere Stimmung hineinversetzen zu lassen. Das ist vollständig heidnisch. So dienen etwa Hindus oder muslimische Derwische ihren Göttern. Nicht aus Umständen oder Gefühlen, sondern von Gott selbst geht der Anstoß zur Anbetung aus: ›Von dir kommt mein Lobgesang in der großen Versammlung‹ (Ps 22,26).«[108]

Der englische Pastor Brian Edwards ist in seinem Buch »Shall We Dance?« (»Sollen wir tanzen?«, deutscher Titel: »Wenn die Show das Wort erschlägt«[109]) der Frage nachgegangen, wann Tanz und Theater besonders einflussreich in der Kirchengeschichte waren. Sein Ergebnis: Immer in den Zeiten des Niedergangs und Verfalls nahmen diese Elemente überhand. Kaum hatte die Gemeinde Erweckung, kehrte sie zum Wort allein zurück, und Theater und Tanz waren kein Thema mehr. Von dieser Diagnose her besehen, wäre es auch höchst überraschend, wenn in unseren Tagen Tanz und Theater keine Bedeutung hätten.

Zusammenfassung

Zusammenfassend kann man sagen:

1. Der Reigentanz wird im Alten Testament hauptsächlich bei Siegesfeiern und besonderen Festen (leider auch bei Götzenfesten) erwähnt. Er kam beim Gottesdienst der Israeliten nicht zur Anwendung.
2. Bei der Erwähnung von Reigentänzen in Psalm 149,3 und Psalm 150,4 handelt es sich in beiden Fällen um Lobespsalmen (»Lobt Jahwe«), nicht um Psalmen zum Gebet oder zur Anbetung.
3. Es ist der Unterschied zwischen Altem und Neuem Testament zu beachten. Im Alten Testament und in den Psalmen haben wir es mit dem Lob Israels gegenüber Jahwe zu tun, im Neuen Testament mit dem Lob der christlichen Gemeinde gegenüber Gott als unserem Vater und dem Herrn Jesus Christus.

108 Benedikt Peters, Geöffnete Siegel (überarbeitete Fassung), Bielefeld 2008, S. 175.
109 Brian Edwards, Wenn die Show das Wort erschlägt, Oerlinghausen 2003.

4. Der christliche Gottesdienst geschieht nicht mehr in äußeren Formen, wie bei Israel. Gott muss jetzt in »Geist und Wahrheit« angebetet werden (Joh 4,23-24). Eine Anbetung mit besonderen äußeren Formen und Tanz kann Gott nicht gefallen, es entspricht nicht seinem Wesen, wie es heute offenbart ist.
5. Dem Neuen Testament ist der Tanz im geistlichen Rahmen völlig fremd. Weder Jesus noch seine Jünger tanzten. Auch die urchristliche Gemeinde tanzte nicht – weder die Apostel bei dem Pfingstereignis noch die Gemeinde, als sich zu Beginn der Predigten des Petrus Tausende bekehrten. Paulus tanzte nicht, und auch Johannes nicht, nachdem er das letzte Buch der Bibel empfangen hatte.
6. Es ist wichtig, den Unterschied zwischen Gebet, Lob und Anbetung festzuhalten. Gebet bedeutet in erster Linie, dass wir etwas von Gott erbitten. Hingegen loben wir Gott, wenn er unsere Bitte erhört hat oder wir in anderer Weise ein Geschenk oder einen Segen von ihm empfangen haben. Loben und Danken sind eng miteinander verwandt.
7. Anbetung geht darüber hinaus. Wir beten Gott an, wenn wir seine Schönheiten und die Herrlichkeiten seines Erlösungswerkes in Christus vor unseren geistlichen Augen haben. Das kann nur der Heilige Geist in Verbindung mit dem Wort Gottes bewirken. Dazu müssen wir erfüllt sein von der Liebe Gottes und des Herrn Jesus Christus. Das hat nicht in erster Linie mit unseren Gefühlen, sondern mit unserem Geist zu tun. Der Körper ist dabei von untergeordneter Bedeutung.

Diese biblische Analyse ist nicht als eine umfassende Grundlagenarbeit zum Thema »Tanz« gedacht.

Doch durch sie wird eindeutig klar, dass im gottesdienstlichen Rahmen Tanz undenkbar und zutiefst heidnisch ist.

Anhang 2
Das Herzensgebet

Ulrich Skambraks

Das Herzensgebet, Atemgebet oder immerwährende Gebet hat mit einem Gebet an Gott oder seinen Sohn Jesus Christus nichts zu tun. Gleichwohl gehen von ihm großartige Wirkungen aus – geradezu Wunderwirkungen.

Diese beschreibt der katholische Priester und Exerzitienleiter Peter Dyckhoff in seinem Anleitungsbuch zum Ruhegebet mit dem Titel »Ruhegebet«.

Peter Dyckhoff musste, bevor er eine theologische Ausbildung zum Priester einschlagen konnte, nach dem plötzlichen Tod des Vaters dessen Beruf übernehmen. Doch er war ihm nicht gewachsen. Schnell griff er wegen der Überforderung zu Tabletten und Alkohol. Fast an seinem tiefsten Punkt angekommen, nahm Dyckhoff an der Einübung des Ruhegebets teil. Danach pflegte er das Ruhegebet fast jeden Tag. Schon bald zeigten sich in Dyckhoffs Leben wundersame Entwicklungen. Sein Spannungskopfschmerz verschwand. Der Konsum von Schmerzmitteln, Schlaftabletten und auch von Alkohol reduzierte sich bereits nach einigen Wochen. Eine Normalisierung des zu niedrigen Blutdrucks trat ein. Die Anfälligkeit für Krankheiten – vornehmlich Grippeerkrankungen – nahm deutlich ab. Aber nicht nur das geschah. Dyckhoff schreibt: »Vorurteile nahmen ab. Urteile wurden objektiver. Nichts brachte mich mehr so leicht aus der Fassung. Die Tage wurden erfüllter erlebt. Selbstachtung und mein Selbstvertrauen wurden größer. Träume waren nicht mehr angstbesetzt und so unangenehm wie früher … Einiges, was ich mir seit Langem wünschte, fiel mir ›wie von selbst‹ zu.«[110]

---

110 Peter Dyckhoff, Ruhegebet, München 2009, S. 8.

Interessanterweise wuchsen bei Dyckhoff durch sein Herzensgebet die Selbstachtung und das Selbstvertrauen, während durch das Wachstum der Gotteserkenntnis anhand der Heiligen Schrift die Gottesfurcht und das Gottvertrauen wächst (vgl. Spr 1,7; Ps 37,4-5).

Nicht nur Dyckhoff erlebte eine solche wundersame positive Veränderung. Mittlerweile gibt es auch im Westen immer mehr Abendländer, die das Herzensgebet praktizieren und darob hellauf begeistert sind.

Die Wüstenväter: Urquell des Herzensgebets

Das Herzensgebet ist eine uralte mönchische Meditationsform, die derzeit eine Renaissance erlebt. Seine Wurzeln hat das Herzensgebet in der Frömmigkeit der Wüstenväter. Die Wüstenväter lebten als Mönche und Einsiedler in der Einsamkeit der Wüste. Ende des 3. Jahrhunderts nach Christus zogen sie wegen einer Christenverfolgung in die Wüsten Palästinas und Syriens. In einer unfassbaren Askese, die viele von ihnen auch in den Wahnsinn trieb, versuchten sie zu arbeiten und zu beten. In dieser Askese entwickelten sie eine spezielle Spiritualität, die heute von der christlichen Meditation und der spirituellen Psychologie wiederentdeckt wird.

Gepflegt und weiterentwickelt wurde das Herzensgebet vor allem in der Ostkirche und gelangte in den Klöstern auf dem heiligen Berg Athos in Griechenland zu seiner Blüte.

Bekannt wurde das Gebet im Westen durch die Aufzeichnungen einen unbekannten Pilgers – eines tatsächlich völlig unbekannten Mannes. Ein deutscher Benediktiner-Mönch namens Emmanuel Jungclaussen übersetzte das gesamte Werk 1974, und es erschien unter dem Titel »Aufrichtige Erzählung eines russischen Pilgers«.

Dieser Pilger erzählt, wie er in einem Gottesdienst durch ein Wort des Apostels Paulus getroffen wird: »Betet ohne Unterlass!« (1Thess 5,17). Diese Aufforderung lässt ihn nicht mehr los. Nach langem Suchen – dem Pilgern – trifft er einen Einsiedler, der ihn im Jesusgebet unterweist. Alsbald stellen sich tiefe mystische Erlebnisse ein, die den Pilger in eine Glückseligkeit befördern. Ziel und Kernpunkt des Jesusgebets ist die Vereinigung der menschlichen Seele mit Gott.

Auch wenn Außenstehende es kaum glauben können: Dieses stundenlage Aufsagen von »Herr Jesus Christus, Sohn Gottes, erbarme Dich meiner« kann eine übernatürliche Wirkung erzeugen, die Menschen total verändert. Woran liegt das? Wie ist dieser sensationelle Effekt zu erklären? Wirkt tatsächlich Gott auf übernatürliche Weise?

Das Ruhegebet oder Herzensgebet kommt zunächst sehr fromm daher. Es gibt mehrere Gebetsfetzen, die immerwährend gebetet werden sollen. Am Anfang sind es längere Worteinheiten wie beispielsweise: »Herr, wie es dir gefällt und nach deinem Wissen erbarme dich meiner.« Im Laufe des Gebetstrainings werden die Gebetsworte immer kürzer: »Jesus, Messias, Sohn Gottes«; »Komm, Herr Jesus!«; »Kyrie eleison«; »Jesus du«; »Abba«.

Diese Gebetsworte sollen nun stetig – immerwährend – wiederholt werden. Zunächst laut, dann leise, dann in Gedanken. Nonstop die gleichen Worte.

Doch hat diese Form des Betens eine biblische Grundlage? Findet man das Herzensgebet in der Bibel?
Nein!

Stattdessen aber Folgendes:
»Wenn ihr aber betet [sagt Jesus zu seinen Jüngern in Matthäus 6,7-8], sollt ihr nicht plappern wie die Heiden, denn sie meinen, sie werden erhört um ihrer vielen Worte willen. Darum sollt ihr ihnen nicht gleichen. Denn euer Vater weiß, was ihr bedürft, ehe ihr ihn bittet.«

Zu diesem Plappern der Heiden gehören zweifelsohne die ständigen Wiederholungen derselben Worte und Formulierungen, wie sie in vielen heidnischen Kulten und Religionen praktiziert werden (vgl. auch das Rufen und Wiederholen der Baalspriester in 1Kön 18,26).

Im Gegensatz dazu lehrte Jesus mit dem »Unser Vater« (Vaterunser / Mt 6,9-15) seine Jünger ein kurzes und präzises Gebet, welches sogar im Kontrast stand zu den wortreichen Gebeten im damaligen religiösen Judentum. Derselbe Sachverhalt findet sich auch in dem Gleichnis »vom Pharisäer und vom Zöllner« in Lukas 18,9-14. Das wortreiche, aber unerhörte Gebet des Pharisäers steht im Gegensatz zu dem kurzen, von Herzen kommenden und deshalb erhörlichen Gebet des Zöllners.

In etlichen Büchern zum Herzensgebet wird klar und deutlich benannt, dass nur »Jesus Christus zu unserem Erlöser und Heiland geworden ist«[111].

Außerdem wird ständig dazu angehalten, die Bibel zu lesen: »Solches Gehorchen-Wollen (z. B. die Anweisung zum ständigen Gebet nach 1Thess 5,17) setzt voraus, dass ich mit allem Ernst anfange, auf Christus zu hören, und daher versuche, durch die regelmäßige Lesung des Neuen Testaments, zumal der vier Evangelien, mich mit Seinem Wort und Seiner Person immer mehr vertraut zu machen. Auf die Lesung sollte ich mindestens genauso viel Zeit verwenden wie auf die Übung des Jesus-Gebetes.«[112]

Bei solchen Empfehlungen werden viele Christen noch sagen: »Das hört sich nicht schlecht an! Das ist geistlich!«

Allerdings könnten bei weiteren Anweisungen erste Bedenken aufkommen:

111 Ebd., S. 35.
112 Emmanuel Jungclaussen, Unterweisung im Herzensgebet, St. Ottilien 1999, S. 44.

Merkwürdige Empfehlungen zum Herzensgebet

So wird dringend empfohlen, mindestens zweimal, besser dreimal 20 Minuten – auf keinen Fall länger als 30 Minuten – pro Tag zu beten, und das zu festgelegten Zeiten, und dabei Folgendes zu beachten: »Nach einem kräftigen Essen sollten vier Stunden und nach einer leichten Mahlzeit eine Stunde gewartet werden. Es ist ratsam, vor dem Gebet den Mund auszuspülen und das Notwendige zu verrichten.«[113]

Dann ist es auch wichtig, in welche Himmelsrichtung gebetet wird: »Die geografische Ausrichtung beim Beten ist nicht unbedeutend. Von den vier Himmelsrichtungen haben wegen des Sonnenuntergangs und des Sonnenaufgangs der Osten und der Westen eine besondere Bedeutung. Wer sollte da nicht ganz von selbst darauf kommen, dass man beim Beten sich symbolisch dahin neigt und die Seele hinschauen lässt, wo der ›Aufgang des wahren Lichtes‹ [als Fußnoten werden an dieser Stelle Joh 1,9 und Lk 1,78 genannt] ist?« Also: Stets gen Osten beten, wie es die Hindus und zum Teil die Muslime auch tun.

Obwohl Jesus selbst bei der Begegnung mit der Samariterin am Jakobsbrunnen darauf hinwies, dass bestimmte Gebetsorte und damit auch Gebetsrichtungen durch die Innewohnung des Heiligen Geistes in den Gläubigen unbedeutend werden (Joh 4,21-23), gibt es noch einen weiteren Grund in der Bibel, der einen in Bezug auf ein Gebet nach Osten äußerst nachdenklich machen muss.

Es wird wohl eine tiefere Bedeutung gehabt haben, dass sowohl in der Stiftshütte des Volkes Israel als auch im Tempel das Heiligtum nach Westen ausgerichtet war und so stand, dass die Gläubigen der damaligen Zeit zwangsläufig mit dem Rücken nach Osten beten mussten (vgl. 2Mo 27,13). Dies sollte Gottes Volk davor bewahren, die Sonne anzubeten, welche im Osten aufgeht.

---

113 Peter Dyckhoff, Ruhegebet, München 2009, S. 134.

In Hesekiel 8,6 ist es ein Zeichen des Abfalls und des Götzendienstes, dass die Männer im Tempel mit dem Gesicht nach Osten die Sonne anbeteten und damit dem lebendigen Gott den Rücken zukehrten. Gott nennt diesen Vorgang einen Gräuel (V. 15), mit anderen Worten, eine Sache, die dem lebendigen Gott zutiefst zuwider ist.

Im weiteren Zusammenhang des Hesekiel-Buches war das Gebet nach Osten nicht nur einer der Gründe, der zum Gericht über Jerusalem führte. Diese heidnische Praktik trug auch neben anderen Sünden dazu bei, dass die Herrlichkeit Gottes und damit die Gegenwart Gottes den Tempel verließ. Nach Hesekiel 8,18 hatte diese Praktik auch zur Folge, dass Gott keine Gebete mehr erhörte, so laut sie auch gerufen wurden.

Es ist aufgrund der biblischen Informationen schwer nachzuvollziehen – ja, geradezu unmöglich –, dass eine Sache, die Gott ein Gräuel ist (Gebet nach Osten), plötzlich als eine Form des wahren Gebets und der Fürbitte gelten soll.

Eine weitere recht merkwürdige Anweisung lautet so: »Der Anfänger sollte Wert darauf legen – vorausgesetzt, er betet das Ruhegebet nicht mit anderen gemeinsam –, dass er in einem ruhigen und geschlossenen Raum für sich allein ist. Auch Kinder oder Tiere sollten nicht in diesem Raum sein, denn sie ziehen die frei werdende Lebensenergie und Gnade ab, die vorerst dem Betenden selbst zur Verfügung stehen sollte. Später jedoch, wenn durch das Ruhegebet und die liebende Zuwendung des Herrn der Strom des ewigen Lebens begonnen hat, ständig und in Fülle zu fließen, geht er von selbst auf die Menschen über, die dem Betenden am nächsten stehen und für die er Verantwortung mitträgt [Fußnote: Hier sind nicht nur die Lebenden angesprochen, sondern auch die Verstorbenen].«[114]

---

114 Ebd., S. 135.

Diese recht sonderbare Belehrung macht schon ein wenig deutlich, was beim Herzensgebet geschieht. Man zapft eine verborgene Energiequelle an, die »Gott« genannt wird und von der eine Kraft wegfließt, die unkontrolliert auch auf andere Menschen überspringen kann, sogar den Verstorbenen noch zuteilwerden soll. Den Verstorbenen? Wofür?

Grundeinstellungen zum Anzapfen der Energiequelle

Um diese Energiequelle anzapfen zu können, müssen jedoch beim Herzensbeter gewisse Grundeinstellungen vorliegen: 1. Der Beter muss Christ sein und an Gott glauben. 2. Er muss lernen, sich als Persönlichkeit quasi »wegzubeten«. Er muss üben, total passiv zu werden.

»Das Ziel des Ruhegebets besteht darin, keine Vorstellungen – insbesondererweise keine Vorstellung von Gott – und keine Gedanken mehr zu haben, wenn Geist und Seele durch die strenge Armut eines einzigen Gebetsverses in eine immer tiefer werdende Ruhe versetzt werden. Im Sinne von Cassian [ein Mönch aus dem 5. Jahrhundert nach Christus, der das Herzensgebet lehrte] bedeutet Beten, alles aufzugeben: Gedanken, Vorstellungen, den eigenen Willen[115] … Das Sterben und der Tod entsprechen im Ruhegebet dem Loslassen und Abgeben von allem, der Gottesvorstellung, der Gedanken, der Gefühle, der Bilder, der Erwartungen, ja, letztlich aller Ich-Strukturen. Durch dieses ›Sterben‹ bereitet der Betende dem Entgegenkommen des Herrn den Weg, um durch, mit und in ihm aufzuerstehen. Der vorübergehende Tod des eigenen Ego und gleichzeitig aller irdischen und materiellen Dinge währt nur eine kurze Zeit. Der Herr nimmt dieses Opfer an und schenkt es dem Betenden auf individuelle Weise zurück.«[116]

115 Ebd., S. 107.
116 Ebd., S. 110.

Da der Mensch als einmalige und einzelne Person keine Rolle spielen soll, verwundert es auch nicht, dass selbst die Gebetsworte letztlich ohne Bedeutung sind:

»Über den Inhalt der einzelnen Gebetsanrufungen sollte weder lange nachgedacht noch reflektiert werden. Nachdem man sich ›sein Wort‹ ausgesucht hat, ist es nicht notwendig, zu begründen, warum und weshalb gerade dieses Gebet gewählt wurde. Je weniger der Intellekt bei diesem ersten Schritt wie auch später bei der Ausübung des Ruhegebets beteiligt ist, umso schneller und leichter wird der Betende Fortschritte machen. Als Erstes wiederholt er einige Male sein Gebet, indem er es laut ausspricht, dann leise – bis er beim sanften Wiederholen nicht mehr die Zunge und die Lippen bewegt. Jetzt wiederholt er es nur noch in Gedanken und schließt dabei die Augen. Aus dem gedanklichen Wiederholen wird allmählich ein innerliches. All dies geschieht ohne Anstrengung, ohne den Willen einzusetzen, rein absichtslos und ohne jegliche Erwartung.«[117]

Wir fassen zusammen: Beim Ruhe- oder Herzensgebet kann jeder mitmachen. Er muss nur glauben, dass es einen Gott gibt – besser: irgendeine höhere Instanz, von der er sich keine Vorstellung machen darf. Der Betende muss bereit sein, all das, was seine Personhaftigkeit ausmacht, aufzugeben, sie abzuschalten. Er muss sich als von Gott geschaffenes individuelles geistiges Wesen der höheren Instanz opfern. Man könnte auch zugespitzt formulieren: Es muss einer völlig unbekannten Gottheit ein Menschenopfer gebracht werden.

Um das zu vollziehen, bedarf es eines Herunterleierns von quasi sinnlosen Gebetsinhalten, denn man darf ja über den Inhalt nicht nachdenken. Wenn man sich so immer weiter und immer weiter in sich selbst versenkt hat, soll man angeblich eine Stille- und Ruhedimension erreichen, in der sich dann plötzlich eine okkulte

117 Ebd., S. 128.

Energiequelle öffnet. Aus ihr ergießen sich quasi heilsame Ströme, die einen Menschen total verändern können. Die Exerzitienmeister des Ruhegebets nennen das den »Empfang der zugedachten Gnade«. Und dafür scheinen sich immer mehr Menschen im entchristlichten Abendland zu interessieren.

Und wieder Parallelen mit fernöstlicher Religiosität

Der entscheidende Wegbereiter des Ruhegebets in Deutschland, der schon erwähnte Benediktinermönch Emmanuel Jungclaussen, vermutet, dass sich »davon inzwischen mehr Leute angezogen fühlen als von Zen oder Yoga«[118].

Jungclaussen benennt hier einen Vergleich, der von entscheidender Bedeutung ist. Das Herzens- oder Ruhegebet bewegt sich nämlich tatsächlich auf derselben Ebene wie asiatische Glaubenspraktiken. Die Techniken sind fast identisch. Das Ziel, eine Bewusstseinsebene zu erreichen, in der eine okkulte Kraft wohnt, ist identisch. Auch die Auswirkungen beim Menschen sind identisch.

Dies wird weder von Peter Dyckhoff in seinem Buch »Ruhegebet« noch von Jungclaussen in seinem Bändchen »Unterweisungen im Herzensgebet« geleugnet.

Jungclaussen schreibt: »Am Rande sei bemerkt, dass sich ähnliche Erfahrungen, wie sie der russische Pilger berichtet, gleichfalls in nichtchristlicher Spiritualität nachweisen lassen. So wird denn auch der Pilger in der ›Aufrichtigen Erzählung‹ bei der Lektüre der Philokalia [Auszüge aus Belehrungen der Wüstenväter] von einem Polen überrascht, der die Technik des Jesus-Gebets in Parallele setzt zu ›Fanatikern‹ in Indien und in der Buchara (die Buchara ist ein muslimisch geprägtes Gebiet der früheren Sowjetrepubliken). Es gibt kaum Hinweise auf eine gegenseitige Beeinflussung,

118 Kirchenbote, Wochenzeitung des Bistums Osnabrück, Nummer 26 vom 28. Juni 2009, S. 9.

was die Sitzhaltung oder Atmung o. Ä. betrifft, vielmehr scheint es, dass die Suche nach dem Unbedingten und Absoluten den Menschen auf bestimmte Formen von Übungen stoßen lässt, die in den verschiedenen christlichen und außerchristlichen Traditionen sich sehr stark ähneln. Es handelt sich also um Entsprechungen auf dem Wege zu Gott und zur Vollendung.«[119]

Wege zu Gott? Zum Gott Abrahams, Isaaks und Jakobs? Zum Vater von Jesus Christus, der jetzt zur Rechten seines Vaters sitzt?

Der amerikanische Theologe Richard J. Foster, einer der einflussreichsten Vertreter des Herzensgebets in den USA, schreibt in seinem Buch »Prayer: Finding the Heart's true Home« (»Gebet: das wahre Zuhause des Herzens finden«): »Ich will dir auch ein Wort der Warnung mitgeben. In der stillen Kontemplation über Gott begeben wir uns tief in die geistliche Welt, und dort finden wir so etwas wie übernatürliche Führung ... Obgleich die Bibel wenig über diesen Bereich aussagt, gibt es dort geistliche Wesen, und einige arbeiten definitiv nicht mit Gott und seinen Wegen zusammen ... Aber nun will ich dich lehren, wie du Gebete für deinen Schutz praktizierst.«

Das Herzensgebet als Gebets-Mantra

Wohin führt mich das Herzensgebet? Wenn ich doch bete: »Herr Jesus Christus, Sohn Gottes, erbarme Dich meiner«, dann wird er doch nicht zulassen, dass ich mit dem Bereich Satans und seiner Dämonen in Kontakt gerate, denn genau den meint Foster. Doch! Weil das kontemplative Herzensgebet mit Jesus Christus gar nichts zu tun hat, obwohl sein Name fällt. Der Spruch »Herr Jesus Christus, Sohn Gottes, erbarme Dich meiner« oder das Wort »Abba« sind schlicht ein Mantra, mit dem ich in eine andere Bewusstseinsebene vorstoßen kann.

---

119 Emmanuel Jungclaussen, Unterweisung im Herzensgebet, St. Ottilien 1999, S. 22-23.

Das »Lexikon der östlichen Weisheitslehren« erklärt ein Mantra so: »Ein Name Gottes oder eines Avatara [einer reinkarnierten Gottheit, die in einem lebenden Guru fortlebt], der dem des Schülers entspricht und mit dem er von seinem Guru in das spirituelle Leben eingeweiht wurde. Dieses Mantra, das als eins mit Gott betrachtet wird, enthält den Kern der Anweisung des Guru. Der Schüler sollte es geheim und heilig halten und über diesen Aspekt Gottes unaufhörlich meditieren. Die regelmäßige Wiederholung des Mantra läutert das Denken und führt schließlich bei beständiger Übung zur Verwirklichung Gottes.«

Was genau geschieht beim Herzensgebet anderes? Selbst das Geheimhalten des Ruhegebets-Mantras soll gepflegt werden: »Über sein Gebetswort, wie später noch gezeigt wird, sollte man mit anderen nicht sprechen – es sei denn mit dem geistlichen Begleiter, der es gegeben hat oder eine Auswahl vorgelegt hat, aus der eines gewählt wurde.«[120]

Deutlicher können die Parallelen zu einem fernöstlichen Mantragebet – mit Guru und Schüler, beim Ruhegebet mit geistlichem Begleiter und Anfänger – wohl nicht aufgezeigt werden.

Peter Dyckhoff rät den Anfängern in Sachen Herzensgebet, zunächst eine Entspannungs- und Atemübung zu machen und sich danach ein Gebetswort zum Meditieren schenken zu lassen. Sollte sich das nach zwei Minuten nicht einstellen, dann sollte er auf ein bewährtes zurückgreifen:

»Es ist nicht ratsam, ein eigenes Gebetswort zu wählen, sondern nur eines aus der Tradition der Väter [der Wüstenväter]. Mit diesen tradierten Gebeten wurde bereits seit fast 2000 Jahren der Himmel bestürmt. Sie haben einen guten Klang und ihre Schwingungen sind erprobt.«[121]

---

120 Peter Dyckhoff, Ruhegebet, München 2009, S. 94.
121 Ebd., S. 178.

Klang? Schwingungen? Solche Zusätze finden sich in Gottes Wort, der Bibel, in Bezug auf das Gebet nicht.

Das »Lexikon der östlichen Weisheitslehren« teilt zum Stichwort »Mantra« noch Folgendes mit: »Eine kraftgeladene Silbe oder Folge von Silben, die bestimmten kosmischen Kräften und Aspekten Buddhas Ausdruck gibt, manchmal auch der Name eines Buddhas. Als Form der Meditation wird die ständige Wiederholung von Mantras in vielen buddhistischen Schulen geübt.«

Ein Anbieter von Mantren im Internet beschreibt die Wirkung von Mantren so:

»Das Mantra entfaltet seine Wirkung durch das Hören und Sprechen bzw. Singen. Die Wiederholung bewirkt eine Vertiefung der Erfahrung, die mit dem Mantra in Verbindung steht. Mantra bedeutet Geistprojektion. Es ist eine Technik, um den Geist auszurichten. Es gibt viele Mantren [im Plural auch Mantras] und jedes hat seine eigenen Qualitäten, Rhythmen und Auswirkungen. Der mit dem Mantra verbundene Klang, die Resonanz und der Rhythmus produzieren einen veränderten Bewusstseinszustand, welcher das Muster des Gedankenflusses beeinflusst.«

Immer wieder findet man in Anleitungen zum Herzensgebet die Anweisung, dieses Gebet ohne jegliche Vorstellung zu beten. Auf diesem Wege sei man in der Lage, seine Seele mit Gott zu vereinigen.

Das Herzensgebet ist im Lichte einer westlichen Meditationsforschung nicht so außergewöhnlich, wie es zunächst den Anschein haben mag. Denn es gehört in die Kategorie der Mantra-Meditationen.

Diese Form der Meditation »ist die ›duldsamste‹ der vielen Techniken, da sie ein absolutes Minimum an Anstrengung erfordert«[122], schreibt die Wissenschaftlerin Patricia Carrington in ihrem

122 Patricia Carrington, Das große Buch der Meditation, München 1982, S. 103.

»Großen Buch der Meditation«. Carrington erforschte an der US-Universität Princeton wissenschaftlich die Meditation und verarbeitete dabei auch die Erfahrungen eines bedeutenden Mantra-Experten aus Indien, der auch Yoga lehrte und praktizierte.

Dabei stellte sie fest, dass es bestimmte Klänge gibt, die den Menschen ansprechen oder blockieren. So wird das Plätschern eines Baches oder das sanfte Trommeln des Regens auf einem Dach anders empfunden als Autolärm oder das kratzende Quietschen von Kreide auf einer Wandtafel.

Sie fand heraus, dass Silben, die mit den Nasallauten »n« oder »m« enden, als angenehm und entspannend empfunden werden. So ein Nasallaut ist beispielsweise im bekanntesten fernöstlichen Mantra-Wort »Om« enthalten. Experimente zeigten, dass das auch mit dem englischen Wort für »eins« – »one« – funktioniert. Weiter stellte sich heraus, dass eine angenehme Wirkung auch erzeugt wird, wenn man »Om« oder »one« nicht ausspricht, sondern nur denkt.

Warum das Denken von Mantras funktioniert, dafür fand auch Dr. Howard Roffwarge im *Montfiore Hospital* in New York interessante Hinweise. Er studierte schlafende Versuchspersonen und stellte fest, dass bei Träumen, die mit Geräuschen verbunden waren, einige Muskeln im Hörzentrum zu arbeiten begannen. Diese Beobachtung liefert Hinweise dafür, dass ein gedachtes Geräusch genauso das Innenohr aktiviert wie ein nichtgedachtes Geräusch von außen.

Ein anderer Schluss kommt dabei auch noch in den Fokus: Es gibt bestimmte wohlklingende Silben, die in besonderer Weise die Gehirnhälfte ansprechen können, in der Zeitlosigkeit, Intuition, Empfindungen, Musik, bildhafte Vorstellung und auch das Traumgeschehen angesiedelt sind – es ist die rechte Gehirnhälfte. In der linken sind Logik, Sprache, Schreiben, Lesen, Analyse, Zeitgefühl und Intelligenz zu Hause.

Ziel fast jeder Meditations-Technik – vor allem der fernöstlichen – ist es nun, die rechte Gehirnhälfte anzusprechen, da sich in dieser scheinbar eine Art Tor für eine übersinnliche Welt befindet.

Dazu muss der Meditierende bereit sein – um im Jargon der Anhänger des Herzensgebets zu bleiben –, das »Loslassen und Abgeben von allem, der Gottesvorstellung, der Gedanken, der Gefühle, der Bilder, der Erwartungen, ja, letztlich aller Ich-Strukturen« zuzulassen.

Das Höhere Selbst

Wenn dies perfekt in der Meditation mithilfe der Atem- oder Mantra-Technik gelingt, dann kann etwas geschehen, was Bozenka Venediger in ihrem Buch »Einweihung in die esoterischen Lehren« so beschreibt: »Durch diese Meditation [zuvor beschreibt sie die Voraussetzungen der Meditation, die zu großen Teilen völlig identisch sind mit den Anweisungen zum Herzensgebet] stellen wir den Kontakt mit unserem Höheren Selbst her, das uns dann weiterhin auf unserem Wege und bei unserer geistigen Entwicklung helfen wird. Meditationen mit dem Hohen Selbst dienen der Erforschung des früheren und Bardo-Lebens (Astralleben). Sie wurden von eingeweihten Meistern entwickelt, die diese wiederum von ihren geistigen Lehrern erhalten haben. Die Meditation mit dem Hohen Selbst zählt zu den wichtigsten Schritten auf dem Einweihungsweg ... Es ist sehr wichtig, diese Erforschung des Inneren regelmäßig und um die gleiche Zeit durchzuführen, weil dadurch unsere höhere Führung immer besser auf uns eingerichtet wird, sich leichter mitteilen kann ... Wenn wir mit unserem Hohen Selbst Kontakt hergestellt haben, sollten wir diese Verbindung aufrechterhalten, indem wir auf alle Fragen, die unsere Person betreffen, auf diese Weise eine Antwort erbitten. Sie werden selbst bald merken, dass niemand so gut und weise ist wie das Hohe Selbst.«[123]

---

123 Bozenka Venediger, Einweihung in die esoterischen Lehren, Freiburg 1994, S. 74-78.

Wer ihr Höheres Selbst ist, stellt die gebürtige Kroatin gleich zu Anfang ihres Buches vor: »An erster Stelle möchte ich mich dafür bedanken bei meinem Hohen Selbst, meinem geistigen Führer und Schutzengel Aaron, der mir in diesem Leben die geistigen Augen für die höheren Werte öffnete.«[124]

Bei den Betern des Herzensgebets ist es nicht das Höhere Selbst, sondern angeblich Gott perönlich, der sich in ihren Meditationen offenbart: »Das Ruhegebet schafft die bestmögliche Voraussetzung für die bewusst wahrnehmbare Gegenwart Gottes im Menschen … Das Ruhegebet reinigt den Weg für das Entgegenkommen Gottes.«[125] Emmanuel Jungclaussen beschreibt das Ziel des Herzensgebets so: »Zu Beginn einer jeden geistlichen Übung sollten wir uns klarmachen: Ich bin es nicht alleine. Es ist ein anderer, der in mir wirkt und mich führt. Ich kann nur versuchen, mich ihm zu öffen, meine innere Bereitschaft zu erklären, mich ihm in seinem Wirken anzuschmiegen – und es geschehen lassen.«[126]

Doch wer ist dieser andere? Die beiden Gehirnforscher Eccles und Penfield (deren Arbeit in diesem Buch schon erwähnt wurde) weisen darauf hin, dass unser Gehirn eine hoch komplizierte Maschine ist, die sich aber nicht selbst steuert, sondern von einem unsichtbaren Wesen bedient wird. Sir John Eccles nannte es das »Selbst«. Es handele sich gewissermaßen um eine unsichtbare Person.

Besonders Penfield erkannte: Nicht nur mein Geist, mein »Selbst«, kann auf meinem »Gehirn-Klavier« spielen, sondern auch ein anderer Geist. Normalerweise ist meine Persönlichkeit der Geist, der mein Gehirn bedient. Doch in einem anderen Bewusstseinszustand kann plötzlich eine andere Macht die Kontrolle über mein Gehirn übernehmen und somit auch den ganzen Körper steuern.

---

124 Ebd., S. 6.
125 Peter Dyckhoff, Ruhegebet, München 2009, S. 115.
126 Emmanuel Jungclaussen, Unterweisung im Herzensgebet, St. Ottilien 1999, S. 31.

Zusammenfassung

In der Bibel gibt es keine Anleitung dazu, sich mit Techniken in einen anderen Bewusstseinszustand zu versetzen, um dann irgendetwas mit sich machen zu lassen. Eine Kontaktaufnahme mit der Welt eines Höheren Selbst, mit einem Schutzengel namens Aaron oder wem immer auch, der dort zu Hause sein mag, ist strengstens verboten.

Das hat einen gewichtigen Grund: In dieser Welt lauert Satan als »Engel des Lichts« mit seinen »Weltbeherrschern der Finsternis« (Eph 6,12), um dem Menschen für Zeit und Ewigkeit zu schaden.

Und dieser »Engel des Lichts« arbeitet bis heute mit derselben Lüge, die er schon Eva im Paradies vortrug: »Wenn ihr davon esst, werdet ihr sein wie Gott.« Der Benediktinermönch Jungclaussen empfiehlt am Ende seines Buches »Unterweisung im Herzensgebet« das Jesus-Gebet sogar als Hilfe zum »Erwerb des Heiligen Geistes«. Er schließt sein Buch mit Worten des heiligen Gregor vom Sinai, die nichts anderes aussagen, als dass der Mensch längst göttlich ist, dieses aber noch – z. B. mithilfe des Herzensgebets – entdecken muss:

»Werde, was du schon bist. Suche Ihn, der bereits dein ist. Höre auf Ihn, der nimmer aufhört, zu dir zu sprechen. Gehöre Ihm, der dich bereits Sein Eigen nennt!«[127]

127 Ebd., S. 116.

Vorstellung der Autoren

Roland Antholzer

Roland Antholzer, Jahrgang 1943, verheiratet, ist Diplompsychologe. Studium der Psychologie und Soziologie an der Universität Tübingen, während des Studiums Bekehrung zu Jesus Christus. Tätigkeit mit verhaltensgestörten Kindern und Jugendlichen und in einer Fachklinik für Suchtkranke, seit 1993 vollzeitlich in Schulungsarbeit, Vortragstätigkeit sowie in Gemeindeaufbauarbeit engagiert. Roland Antholzer ist 1. Vorsitzender und Studienleiter der GIBB e. V. und Autor mehrerer Bücher.

Die »Gemeindeorientierte Initiative für biblische Beratung« (GIBB e. V.) besteht seit 1986 und versteht sich in erster Linie als Antwort auf den Mangel in unseren Gemeinden, sich den Mühseligen und Beladenen in Liebe und Wahrheit zuzuwenden und wirksame Hilfe anzubieten. Durch die Förderung einer biblischen Seelsorge in den Gemeinden will sie dazu beitragen, dass die Gläubigen im Sinne von Epheser 4,12 zugerüstet werden zum Dienst am Leib Christi. Psychotherapeutische Praktiken finden in der Arbeit der GIBB keine Akzeptanz.

GIBB e. V.
Duracher Str. 12
D-87477 Sulzberg
Telefon: 0 83 76 / 89 26
E-Mail: kontakt@gibb-ev.de
Homepage: http://www.gibb.info;
http://www.lebenshof-engishausen.de

Wolfgang Nestvogel

Wolfgang Nestvogel, Dr. theol., Jahrgang 1961, ist Pastor der *Bekennenden Evangelischen Gemeinde Hannover* (www.beg-hannover.de) und Rektor der *Akademie für Reformatorische Theologie* (ART). Nach Studium der Theologie in Krelingen, Göttingen und Tübingen war er Pfarrer in Gemeinden der Hannoverschen Landeskirche. Danach wissenschaftliche Arbeit und Promotion im Bereich Predigtlehre und Evangelistik. Seit 2001 Dozent an der ART, seit 2005 deren Rektor und zugleich Pastor in Hannover. Autor theologischer Publikationen, u. a. »Evangelisation in der Postmoderne« (2004). Verheiratet mit Patricia, zwei Kinder. Homepage: www.wolfgang-nestvogel.de.

Johannes Pflaum

Johannes Pflaum, Jahrgang 1964, fand schon in frühen Jahren bei einer Kinderwoche zum Glauben an Jesus Christus.

Ein halbes Jahr vor der Beendigung seiner Ausbildung als Verlagskaufmann zeichnete sich für ihn der Weg in den vollzeitlichen Dienst ab. Nach der fünfjährigen Ausbildung am Theologischen Seminar der Liebenzeller Mission war er zunächst für einige Jahre als Prediger des Liebenzeller Gemeinschaftsverbandes tätig. Danach folgten zwei weitere Dienststellen in der Schweiz.

Johannes Pflaum ist seit 1989 mit seiner Frau Dagmar verheiratet. Zu der Familie gehören fünf Kinder. Die Familie wohnt in Neu St. Johann/Schweiz.

Seit ca. zehn Jahren ist Johannes Pflaum als Verkündiger und Bibellehrer im Rahmen des »Bibel-Lehr-Dienstes« im übergemeindlichen Dienst tätig. Er gehört zum Vorstand des Bibelbundes Schweiz, zum Vorstand vom Maleachi-Kreis e. V., unterrichtet am EBTC Zürich (Europäisches Bibel Trainings Centrum) und hat seine gemeindliche Heimat in der christlichen Versammlung Sennwald, in welcher er auch als Ältester dient.

Eberhard Platte

Eberhard Platte, Jahrgang 1942, ist seit über 40 Jahren glücklich verheiratet mit Erika. Sie haben vier erwachsene Kinder und acht Enkelkinder. Sie sind in der Christlichen Gemeinde in Wuppertal aktiv, einer evangelisch-freikirchlichen Brüdergemeinde. Sie sind Mitbegründer der Gefährdetenhilfe Kurswechsel (www.gh-kurswechsel.de) in Wuppertal und in der ehrenamtlichen Straffälligenhilfe tätig. Von Beruf ist Eberhard Platte selbstständiger Grafikdesigner und Inhaber einer kleinen Werbeagentur, die heute von seinem Sohn geführt wird. Er ist Referent zu Ehe-, Familien-, Gemeinde- und Seelsorgethemen, Gastdozent an der Bibelschule Burgstädt, in zahlreichen christlichen Werken und Arbeitskreisen tätig und Autor etlicher Bücher zu Themen der Bibel.

Lothar Schäfer

Lothar Schäfer, Jahrgang 1943, verheiratet. Seit über 30 Jahren in der Bibel- und Missionshilfe Ost e. V. (BMO/Weitefeld) tätig. Zu seinen Aufgaben gehören heute die Verkündigung des Evangeliums von Jesus Christus und das Durchführen von Kinder- und Jugendlagern in Rumänien.

Alexander Seibel

Alexander Seibel, Jahrgang 1943, verheiratet, drei erwachsene Kinder. Er ist weltweit als Evangelist und Bibellehrer tätig.

Während seines Studiums fand er zum Glauben an Jesus Christus durch Operation Mobilisation. 1971 beendete er sein Studium als Diplom-Ingenieur und wechselte in den geistlichen Dienst.

Ein besonderes Anliegen ist ihm, dass die Christen im Glauben und in ihrem Vertrauen in die Heilige Schrift gestärkt werden. Ein weiterer Bereich seiner Tätigkeit ist die Warnung vor der Gefahr der Verführung unter den Gläubigen. Dadurch ist Apologetik neben evangelistischer Verkündigung zu einem Schwerpunkt seiner Dienste weltweit geworden.

Viele seiner Reiseeindrücke und Stellungnahmen sind auf der Homepage www.alexanderseibel.de nachzulesen.

Ulrich Skambraks

Ulrich Skambraks, Jahrgang 1954, verheiratet, ist Journalist in Kreuztal und Herausgeber des TOPIC Informationsdienstes. Seine geistliche Heimat ist eine Ev. Gemeinschaft, in der er auch Ältester ist.

TOPIC ist ein im Abonnement zu beziehender Informationsdienst, der monatlich auf acht DIN-A4-Seiten erscheint – ohne Bilder, ohne Werbung. TOPIC präsentiert Informationen und Meinungen zum Zeitgeschehen aus biblischer Sicht.

TOPIC Informationsdienst
Postfach 10 15 44
D-57206 Kreuztal
Telefon 0 27 32 / 79 18 59
Informationen im Internet:
www.christliche-hauskreisgemeinde.de

Martin Vedder

Martin Vedder, Jahrgang 1942, gründete 1976 die Zentralafrika-Mission (ZAM), die in mehr als 80 Ländern tätig ist. Kernpunkt dieser Missionsarbeit ist eine der größten bibeltreuen Fernbibelschulen weltweit, die EMMAUS-Fernbibelschule. In rund 1300 Bibelcentern sind etwa 3000 Mitarbeiter damit beschäftigt, ratsuchenden Menschen den Weg zum Heil in Jesus Christus zu zeigen und zur Vertiefung im Glaubensleben beizutragen.

1975 entstand durch seine Initiative der Arbeitskreis für Ausländermission (AfA) und 2001 der Maleachi-Kreis. Heute ist er 1. Vorsitzender des Maleachi-Kreises e. V.

Martin Vedder ist als Bibellehrer und Konferenzredner im In- und Ausland unterwegs und steht auch für Bibel- und Gemeindefreizeiten gerne zur Verfügung.

Kontakt: m.vedder@zamonline.de

Der Maleachi-Kreis stellt sich vor

Der Maleachi-Kreis (Mal 3,16) ist ein Arbeitskreis für Glaubensstärkung in Lehre und Leben. Zu unserem Kreis gehören bibeltreue Verantwortliche aus dem evangelikalen Raum. Jeder von uns ist in einer örtlichen Gemeinde integriert, nimmt häufig aber auch überörtliche Aufgaben wahr.

Wir bekennen uns als wiedergeborene, erlöste Menschen (Joh 3,1-7; Röm 3,24; Eph 2,8) zur gesamten – von Gott inspirierten – Heiligen Schrift (2Tim 3,16) als verbindliche Grundlage unseres Glaubens und Lebens, wie es zum Beispiel in der »Chicago-Erklärung zur Irrtumslosigkeit der Bibel« (1980) zum Ausdruck kommt. Wir lehnen davon abweichende theologische Ansätze zur Deutung der Bibel ab (wie u. a. die »Historisch-kritische Methode« und die »Hermeneutik der Demut«). Wir halten fest an der inneren Einheit aller durch den Geist Gottes Wiedergeborenen (Joh 17). Wir distanzieren uns jedoch von allen unbiblischen Einheitsbestrebungen (Ökumene). Bezüglich der schwärmerischen Bewegungen halten wir an der »Berliner Erklärung« (1909) fest.

Unsere Treffen dienen dem gemeinsamen Gebet, Studium des Wortes Gottes und Hören aufeinander. Wir wollen uns ergänzen, gegenseitig stärken und korrigieren (Kol 3,15-16). Wir möchten neben dem Einstehen für das rettende Evangelium von Jesus Christus (Evangelisation und Mission) bibeltreue Gläubige in schwerer Zeit ermutigen, im Glauben festigen und für ihren Alltag zurüsten (Eph 4,12-16; 1Petr 5,10). Wir wollen darüber hinaus anhand der Bibel Orientierung geben, über unbiblische Entwicklungen aufklären und wo nötig warnen (Apg 20,28-32). Wir wollen dadurch mithelfen, auf geistliche Art und Weise der Gemeinde Jesu Christi zu dienen.

Entstanden ist der Maleachi-Kreis im Jahre 2001 während einer Bibelfreizeit, die Martin Vedder im Freizeitheim Waldesruhe in Vesperweiler hielt. Die vermehrte Konfrontation mit Irrlehren aller Art, die sich allmählich auch ins Lager der sogenannten »Evangelikalen« einschlichen, führte zu dem Gedanken, die bibeltreuen Verkündiger (Prediger, Bibellehrer, Evangelisten und Publizisten) im Lande zu sammeln, um im oben beschriebenen Sinne den verunsicherten Kindern Gottes biblische Orientierung und Glaubensstärkung anzubieten. Dazu dienen neben unserem Maleachi-Info (Erscheinungsweise 3 x jährlich – gratis) vor allem die Maleachi-Konferenzen, -Tagungen und -Tage, auf die regelmäßig in verschiedenen christlichen Publikationen hingewiesen wird, u. a. auch auf unserer Internetseite: www.maleachi-kreis.de.

Kontakt:
Maleachi-Kreis e. V.
Herrn Martin Vedder
Auf dem Kohlknippen 8
D-51597 Morsbach

Personen-/Organisationen-Index

Alliance of Confessing Evangelicals (ACE) 95
Aufatmen (Zeitschrift) 21, 48ff., 53, 61, 66, 74, 81
Ávila, Teresa von 108
Bernhard, Marianne 24, 67, 77, 98, 175
Bibellesebund 20ff., 32, 67, 97
Brahmachari (Swami) 75, 79
Breithaupt, Wolfgang 21
Brenner, Christian 21, 23, 24
Bruder Paulus, Kapuzinerkloster »Käppele« 36, 37
Cassian (Mönch) 189
Crowley, Aleister 75
Deichgräber, Reinhard 76, 77
Deutsche Evangelische Allianz (DEA) 92
Dyckhoff, Peter 43, 44, 183, 184, 187, 191, 193, 197
Eggers, Ulrich 21, 23, 35, 48
Emerging Church 81, 89
Feldenkrais, Moshé 25, 31
Förster, Stefan 21
Foster, Richard J. 48, 61ff., 69, 70, 77, 78, 192
Gerland, Manfred 37, 39, 40, 41, 43
Gnadauer Gemeinschaftsverband 32, 67, 81, 93
Graf Dürckheim, Karlfried 51
Grün, Anselm 48ff., 56, 61, 66, 70, 74, 75, 82, 90, 96, 137, 141, 180, 188
Guyon, Jeanne Marie (Madame Guyon) 98
Hellinger, Bert 112ff.
Hochuli, Jürg 22

Holthaus, Stephan 92, 93
Hunt, Dave 29, 62, 69
Huxley, Aldous 75, 112
IGNIS 108, 109, 110
Initiativkreis – Jahr der Stille 21
Jung, Carl Gustav 44, 53, 58, 61, 67, 71, 103, 129, 172, 184, 186, 191, 192, 197, 198
Jungclaussen, Emmanuel 44, 184, 186, 191, 192, 197, 198
Kamphuis, Elke 38, 39, 72
Kamphuis, Martin 72
Kessler, Wolfgang 19
Lambach, Margit 33
Lausanner Bewegung 20, 68
Leitungskreis – Jahr der Stille 2010 21
Loyola, Ignatius von 65, 70
MacNutt, Francis 105, 108
Maleachi-Kreis 96, 207
Materne, Ulrich 21
McCary Rhodes, Tricia 70
Mechthild v. Magdeburg 77
Meißner, Burkhard 23
Merton, Thomas 35, 36, 74, 75, 76, 79
Moreno, Jakob Levy 32, 33, 34, 51
Morgner, Christoph 93, 94
Nouwen, Henri J. M. 48, 74, 75, 76, 77, 79
Pache, Klaus-Günther 68, 69
Pagel, Anke und Manfred 23
Publik-Forum (Zeitschrift) 17, 18, 19
Puppe, Mirjam 69, 70
Rahner, Karl 79, 101
Reithmeier, Lorenz 21

Renovaré (Erneuerungsbewegung) 48, 61, 62, 63, 64, 65, 66, 69
Russischer Pilger 77, 184, 191
Sanford, Agnes 64, 103, 104
Schmid, Stefan 21
Schucman, Helen 29
Schwab, Emmy 26
Schwester Dorothea, Retraitenhaus Sonnenhof 36
Steppenblüte Communität Grimmialp 26, 28
Stiel, Willi 21
Stiftung Christliche Medien (SCM) 20, 70
Swedenborg, Emanuel 59
Tauler, Johannes 98, 108
Trommer, Frieder 21
Veigel, Ruprecht 22
Warren, Rick 68
Weltmissionskongress »Lausanne II« 173
Werner, Elke 68, 69, 108, 109
Werth, Jürgen 49, 50
Williamson, Marianne 28, 29, 30, 31
Willow-Creek-Netzwerk Deutschland 68
Wolfsberger, Hanspeter 22
Wüstenväter 76, 77, 184, 191, 193
Zimmerling, Peter 76, 77, 78, 99

Themenindex

Alternativmedizin 161
»Anleitungen zum Still-Werden« (Artikel aus dem Ideenheft) 37, 40
Atemgebet 42, 43, 72, 183
Atemtechnik 40
Atemübungen 41, 42, 79, 100
Ausdauerndes Beten (»langer Atem«) 153, 164
Beten – Leben in der Heiligung 154
Beten im Namen Jesu 151
Bibliodrama 32, 33, 34, 51
Burnout 18, 101
Doorway-Techniken 100
Drittes Auge 104
Evangelischer Rosenkranz 66
Familienskulptur 112
Familienstellen 112, 113, 115, 116
Feldenkrais-Methode 25, 31
Frommer Aktivismus 144, 145
Ganzheitliches Beten 24, 25
Gottes Schweigen 62, 126
Gruppen-Psychotherapie 32
Herzensgebet 42ff., 69, 77, 98, 183ff., 189ff., 196ff.
Ideenheft – Jahr der Stille 23, 24, 26, 31ff., 42 f., 53, 71, 73, 103, 113, 130, 175
Innere Heilung 103, 105
Katathymes Bilderleben 111
Katathym-imaginative Psychotherapie 111

Kontemplatives Gebet	42, 79, 192
Krishna (Hindu-Gottheit)	39, 41
Labyrinth als Erfahrungssymbol	32
Mantra	42, 72, 192ff.
Medialer Vorgang	100
Meditativer Tanz	24
Mystik, Definition	54, 55, 98, 99
mystische Kirche	101
Neoevangelikalismus	88, 92
New Age	25, 63, 89
Passivität	42, 44ff., 100
Persönliche Stille	131, 132, 142ff.
Pluralismus	85
Postmoderne	85ff., 202
POTZEK-Schlüssel	140
Projektskizze – Jahr der Stille	21,22
Psychische Erkrankungen	17, 59, 101
Psychodrama	32, 33, 34, 51
Psychotherapie	32, 102, 103, 111, 115, 116
Quelle kosmischer Energien	53, 54
Rekatholisierung	66
Renovaré-Bibel	62, 63, 65
Rhythmisierung des Atems	40
Ruhegebet	42ff., 183, 185, 187ff., 193, 197
Ruhen im Geist	107ff.
So-Ham-Meditation	37
»Stille beim Pilgern« (Artikel aus dem Ideenheft)	43
Stille-Zeit-Tagebuch	140
Strafe? Züchtigung?	171
Umgestaltung des Protestantismus	98

Unruhe, Herkunft der 124
Unterbrechungswissenschaft 16
Visualisierung 64, 69, 70, 100, 104, 106, 110, 111
Vorstellungskraft, Gebet durch Vorstellungskraft 63, 64, 65
Weg zur Mitte 36

Die Evangelikalen standen in der Vergangenheit immer wieder auf dem Kampffeld um die gesunde Lehre und den gesunden Glauben, und dort werden sie auch in Zukunft stehen. An den Umfragen, die am Fuller Seminar durchgeführt wurden, ist unverkennbar, dass die liberalen Tendenzen im Laufe der Jahrzehnte nicht schwächer, sondern stärker wurden, und man muss die Frage stellen, wie lange sich ein einst evangelikales Seminar dem liberalen Zeitgeist noch widersetzen kann. Am Beispiel vom Fuller Seminar soll aber auch auf ähnliche Strömungen und Tendenzen hierzulande aufmerksam gemacht werden. Der Geist des Neoevangelikalismus ist nämlich keineswegs auf die USA beschränkt, und in allen evangelikalen Denominationen weltweit zeigen sich zunehmend liberale Auffassungen. Der Kampf um die Wahrheit ist voll entbrannt.

Das Fuller Seminar und der Neoevangelikalismus

Das erste Semester des Fuller Seminars begann am 30. September 1947 mit 39 Studenten. Charles Edward Fuller, der Mitbegründer des Seminars, hatte zuvor die presbyterianische Kirche verlassen, weil sie ihm zu liberal geworden war, und wurde Mitglied bei der bibeltreuen *Baptist Bible Union*.[1] Die Baptisten glaubten, wie Fuller selbst, an die Inspiration und Irrtumslosigkeit der Bibel. Fuller und die anderen Gründungsmitglieder – Harold Ockenga, Carl F. H. Henry, Wilbur Moorehead Smith and Harold Lindsell – wollten den evangelikalen Fundamentalismus (der Begriff hatte in jener Zeit noch nicht die negativen Beiklänge von heute, siehe Glossar) reformieren und der theologischen Welt in ihrem Land beweisen, dass sie ein evangelikales Seminar auf gleicher Augenhöhe mit den liberalen Ausbildungsstätten schaffen konnten. Das Fuller Seminar sollte ein bibeltreues theologisches Vorzeige-

1 George Marsden, *Reforming Fundamentalism*, Eerdman's Publishing Company, Michigan, 1987, S. 38.

Seminar werden, und die Männer, die es gründeten, waren voller Ambitionen, ihr Ziel zu erreichen.
Dies konnte dem satanischen Verführer nicht gefallen, und sollte es ihm nicht gelingen, dieses Vorhaben zu unterlaufen, dann würde er wohl eine Niederlage erfahren, wie er sie zuvor selten erlebt hatte. Viele theologische Seminare, christliche Kirchen oder Denomination irrten früher oder später von den Wahrheiten Gottes ab. Sollte es dem Versucher nicht glücken, den Samen des liberalen und humanistischen Zeitgeistes auf den Acker dieses Werkes zu streuen, dann würden diese fünf Männer nicht nur eine reine Ernte einfahren, sondern auch den Weizen der Wahrheit Gottes an viele hungrige Seelen weitergeben können.
Die Gründer des Fuller Seminars hatten sich entschieden, nicht als rückständig oder altmodisch gelten zu wollen. Sie hatten sich zum Ziel gesetzt, sich der Gesellschaft, Kultur und Wissenschaft durch Dialog zu öffnen, um sie dadurch mit dem Evangelium zu erreichen. Und vor allen Dingen strebten sie an, unter Beweis zu stellen, dass der Evangelikalismus, also der bibeltreue Glaube an Jesus Christus, nicht unmodern, weltfremd oder antiintellektuell sein muss. Man beabsichtigte, sich am intellektuellen Niveau aller Bereiche der säkularen Gesellschaft messen zu lassen.
Hatte hier der Verführer nicht schon einen ersten Erfolg versprechenden Samen für seine Ziele ausstreuen können? Die Gründer des Fuller Seminars schämten sich des einfachen Evangeliums, der Torheit des Kreuzes, und wollten ein »modernes« Evangelium anbieten, das auf allen Gebieten der Welt mithalten konnte. Der fundamentalistische Evangelikalismus, der ihnen als zu separatistisch galt, sich also von der Welt zu sehr fernhielt, sollte reformiert und weltoffener gemacht werden. Der neue Evangelikalismus hingegen, der *Neoevangelikalismus,* sollte durch diese Weltoffenheit seinen Triumphzug in der Gesellschaft antreten, um alle Schichten der Gesellschaft für das neoevangelikale Christentum zu gewinnen.

Francis A. Schaeffer

Die große Anpassung

Der Zeitgeist und die Evangelikalen

224 Seiten, Paperback
ISBN 978-3-89397-266-1

Verheerende Ereignisse sind in unsere Kultur eingebrochen – die moralischen Grundfesten wurden erschüttert und kein Bereich blieb davon verschont. Der Raubbau an unseren Wert- und Moralvorstellungen hat einen moralischen Zusammenbruch bewirkt und – schlimmer als das – die Moral wurde auf den Kopf gestellt, indem jede Form moralischer Perversionen von den Medien anerkannt wurde. Auch die Gemeinden blieben davon nicht verschont. Weltliche Einflüsse und Lauheit beherrschen weithin das Bild. Mit provozierender Schärfe zeigt der Autor die Konsequenzen einer Christenheit, die in Bezug auf die biblische Wahrheit Kompromisse eingeht.

Wolfgang Nestvogel

Evangelisation in der Postmoderne

Wie Wahrheit den Pluralismus angreift ...

160 Seiten, Paperback
ISBN 978-3-89397-968-4

Jede Generation von Christen ist neu herausgefordert, das ewige Evangelium zu ihren jeweiligen Zeitgenossen zu bringen. Darum müssen wir beide Seiten präzise verstehen: Das Evangelium darf nicht verkürzt werden – und an dem Adressaten soll nicht vorbeigeredet werden. Wie kann dieser Brückenschlag heute unter den Bedingungen der sogenannten »Postmoderne« gelingen? Der Autor belegt, dass manche evangelistische Konzepte – wie zum Beispiel ProChrist – sich mehr als Produkt denn als Überwindung der Postmoderne erweisen. Aber er bleibt nicht bei der Kritik stehen. Der letzte Teil beschreibt Perspektiven und Wege, die zu einer offensiven Evangelisationspraxis ermutigen und verpflichten.

Jacob G. Fijnvandraat / Alexander Seibel

Gefährliche Risiken und Nebenwirkungen

Krankenheilungen in der »Charismatischen Bewegung«

128 Seiten, Paperback

ISBN 978-3-86699-204-7

Was sagt die Bibel zum Thema Krankenheilung? Haben die Heilungs- und Befreiungsdienste einiger Gemeinden und christlicher Werke eine biblische Grundlage?

Am Beispiel einer Rezension des Buches »Heilt die Kranken« (W. Ouweneel) setzen sich die Autoren mit dieser Frage auseinander. Alexander Seibel informiert über manch umstrittenen Wunderheiler, der von Ouweneel zu einem Glaubenshelden erklärt wurde. Jacob G. Fijnvandraat – der viele Jahre mit Ouweneel zusammenarbeitete – geht die einzelnen Kapitel des umstrittenen Buches »Heilt die Kranken!« durch und beurteilt die theologischen Begründungen im Licht der Heiligen Schrift. Eine hilfreiche, aufrüttelnde Analyse.

Els Nannen

C. G. Jung

Der getriebene Visionär

320 Seiten, Paperback
ISBN 978-3-89397-298-2

Nicht nur die Tiefenpsychologie und die Psychoanalyse, auch die Theologie und – seit neuester Zeit – die New-Age-Bewegung wurden nachhaltig von C. G. Jung beeinflusst. Aus seinen rein subjektiven Erlebnissen und Erfahrungen leitete er allgemeingültige Verhaltensnormen ab und entwickelte seine »Therapien«. Es wird aber offenbar, dass Jungs Psychologie eine Heilslehre und seine Psychotherapie ein Heilsweg ist. Manche versuchen, Gottes Wort damit zu erklären oder zu ergänzen, anderen geht es vor allem um »eine Reise nach innen« in Jung'schem Sinn. Doch für Jung lag das Heil in der »Kollektivseele«, die ihm »Dämon« oder »Gott« bedeutete, was für ihn Synonyme waren.